NOTICE

sur

LA SAINTE CHANDELLE.

IMPRIMATUR.

Atrebati, die 12 julii 1860.

LEQUETTE,

VICAIRE-GÉNÉRAL.

PROPRIÉTÉ DE L'ÉDITEUR.

NOTICE

SUR LA

SAINTE CHANDELLE

D'ARRAS.

CereVM

ARRAS
ALPHONSE BRISSY, ÉDITEUR, IMPRIMEUR DE L'ÉVÊCHÉ,
rue des Capucins, 22.

1860

PROLOGUE.

La ville d'Arras pourrait, à juste titre, être appelée la ville de Marie. Car du moment où Jésus-Christ eut dans cette cité des adorateurs, la sainte Vierge y compta autant de fidèles et fervents serviteurs. Ce fut sous son invocation que saint Diogène, grec de nation, l'un des premiers apôtres de nos contrées, plaça la première église qu'il fit bâtir à Arras, et c'est dans ce sanctuaire que ce généreux confesseur de la foi, cueillit la palme du martyre, lorsque les Vandales (407), vinrent saccager le pays par le fer et le feu.

Plus tard saint Vaast, envoyé par saint Remi, évêque de Reims, pour rallumer le flambeau de la foi chez les Atrébates, ayant retrouvé sous des broussailles et dans un amas de décombres, l'autel avec l'image de la sainte Vierge, cet homme de Dieu se persuada que c'était la Providence elle-même qui lui indiquait, dans cette découverte, ce qu'il avait à faire pour la gloire de Marie. Aussitôt il fit ériger un temple en son honneur, pour y replacer son image et son autel retrouvés. Depuis lors, Marie fut vénérée dans la ville d'Arras, sous les titres les plus divers. A la Cathédrale qui lui était consacrée, on l'invoquait sous le titre de Notre-Dame de l'Aurore, de Notre-Dame de Prime et de Notre-Dame des Fleurs; à Saint-Vaast, sous le titre de Notre-Dame en Castel (in Castello); à la paroisse de la Chapelette, sous le titre de Notre-Dame au Jardin; au monastère de la Paix, sous le titre de Notre-Dame de Lorette; au faubourg Saint-Sauveur et chez les Dominicains, sous le titre de Notre-Dame de Bonnes-Nouvelles et chez les Brigittines, sous le titre de Notre-Dame de Bonne-Espérance. Mais la dévotion la plus populaire, la plus universelle, ce fut, sans contredit, le culte rendu à Marie, pendant 700 ans, sous le titre de Notre-Dame des Ardents. C'est de cette dévotion et du cierge miraculeux apporté dans nos murs par Marie l'an 1105, que nous allons faire l'histoire. Puisse ce travail plaire à la Vierge immaculée, notre Mère, à qui nous le consacrons.

NOTICE

SUR

LA SAINTE CHANDELLE.

CHAPITRE Ier.

La maladie du feu ardent à Paris et notamment à Arras, sous l'épiscopat de Lambert. — Apparition de la sainte Vierge à Norman et à Itier.

Vers la fin du XIe siècle et le commencement du XIIe, c'est-à-dire depuis l'an 1080 jusque en 1140 environ, une étrange maladie, connue sous le nom du *feu ardent* ou de saint Antoine, décima presque tous les peuples de l'Europe. Elle parcourut les différentes contrées de l'Italie, de l'Allemagne, de la Flandre et de l'Angleterre; surtout le Crémonnois, le Viennois, le Dauphiné, la Lorraine, le Tournaisis, l'Artois, le Vermandois, le Boulonnais, la Picardie, le Soissonnais, le Pays-Chartrain et l'Isle-de-France. Rien de plus effrayant que la peinture qu'en font les chroniques du temps. C'est à son occasion que des miracles se sont opérés en faveur des malades, qui, réunis autour des cathédrales, réclamaient la protection de la sainte Vierge, de saint Martin et de saint Antoine. Elle a donné naissance à l'ordre de chevalerie appelé les Hospitaliers de saint Antoine, créé en 1095 dans le Viennois.

Plusieurs de ces miracles sont consignés dans les annales ecclésiastiques. Quelques-uns se montrent, pour ainsi dire, encore à nos yeux, dans les édifices, les fêtes et autres monuments établis pour en rappeler le souvenir. Tel est celui arrivé à Paris l'an 1131.

Une foule de malheureux, attaqués du *feu ardent*, remplissaient la nef de Notre-Dame nouvellement bâtie, et imploraient leur guérison, ou du moins un allégement à leurs maux, par l'intercession de celle dont on ne réclama jamais en vain les suffrages. L'évêque Étienne, si justement appelé *le Père des pauvres*, touché de compassion à la vue de tant de malheureux abandonnés, résolut de demander au ciel le remède d'un mal qui n'en trouvait plus sur la terre. En conséquence, il annonça une procession solennelle où fut portée la châsse de sainte Geneviève. Le concours du peuple fut immense. Le pieux cortège n'eut pas plutôt touché le seuil de Notre-Dame, que tous les malades, à l'exception de trois, furent guéris. Pour conserver la mémoire de ce bienfait, le pape Innocent II, qui se trouvait à Paris l'année suivante, ordonna de célébrer une fête le 26 novembre, en l'honneur de sainte Geneviève des Ardents. De plus, à l'aide des offrandes des pèlerins, on bâtit une église sous le vocable de cette sainte, qui subsistait encore vers le milieu du siècle dernier. Tel est encore le miracle arrivé dans la ville d'Arras l'an 1105. Une charte, en date de 1201, munie de divers sceaux et enregistrée par les soins du pape Sixte IV, l'an 1482, nous servira de guide dans le récit que nous allons en faire.

Sous l'épiscopat de Lambert de Guisnes, premier évêque d'Arras, depuis le rétablissement de ce siége, comme les désordres et les péchés des peuples allaient toujours croissant, la majesté divine irritée par tant de crimes, voulut aussi faire éprouver les effets de sa justice aux habitants de cette cité et de toute la province. Le fléau destiné à punir le genre humain, le *feu ardent*, vint donc exercer ses ravages dans nos contrées. Pas une ville, pas une bourgade, pas même le plus petit hameau ne fut épargné. L'ange exterminateur trouva partout des coupables. La charte à laquelle nous empruntons ces détails, nous dit que semblable à un feu malin, ce mal horrible brûlait la partie du corps qui en était attaquée. Les membres frappés d'une de ses étincelles, devenaient noirs comme le charbon et tombaient en pourriture : la main se détachait du bras, le pied de la jambe. Elle rongeait le nez, les lèvres, les gencives, les oreilles, la poitrine. L'inflammation gagnait d'un membre à l'autre. Il n'y avait de salut que dans l'amputation du membre attaqué. Encore ce moyen extrême ne suffisait-il pas toujours pour empêcher la circulation de cet infernal venin.

Les gens de l'art n'ayant point de remède à opposer à ce mal affreux, on ne put s'empêcher d'y reconnaître le doigt de Dieu. Tous alors se présentaient en foule aux médecins spirituels pour confesser leurs péchés, et renaître à une vie nouvelle par le baptême de la pénitence. Quant à ceux dont il avait affaibli les forces, sans leur ôter la vie, on les voyait arriver de toutes parts à la sainte Sion, c'est-à-dire à l'église de Notre-Dame-en-Cité ; les uns à pieds, les autres en voitures ; et là, tristement couchés sur des lits ou de pauvres grabats, sur la paille, dans des sacs, hommes et femmes, enfants et vieillards, tous imploraient avec larmes et gémissements le secours de Dieu. L'un s'écriait : *Jusques à quand, Seigneur, m'oublierez-vous ?* Un autre disait : *Jusques à quand détournerez-vous les yeux de moi ?* Un autre faisait cette prière : *O Dieu, ne me reprenez pas dans votre fureur.* Ces infortunés n'attendaient plus leur délivrance que du Dieu très-bon qui règne au plus haut des cieux.

L'évêque Lambert, témoin de tant et de si cruelles souffrances, séchait de douleur à ce spectacle. Les gémissements de cette foule de malades, qu'il ne pouvait soulager que par une tendre compassion, lui perçaient le cœur. C'était peu pour lui que de leur adresser de douces et saintes paroles. Jour et nuit, il versait des larmes au pied des autels et demandait la cessation du fléau à Jésus et à Marie ; enfin sa prière fut exaucée. Mais qui ne s'étonnera des moyens dont se sert la Mère de la divine sagesse pour délivrer de leurs maux ceux qui mettent en elle toute leur confiance?

Il existait à cette époque, dans nos contrées septentrionales, deux ménestrels d'une certaine célébrité, tous deux fort dévoués à Marie, dont l'un nommé Itier, habitait le Brabant, Tiltre ou Tillemont, et l'autre, Pierre Norman, demeurait au château de Saint-Pol en Ternois. Ces deux hommes s'étaient voués réciproquement une si vive haine, qu'ils n'attendaient qu'une rencontre pour se venger. Norman, dans un accès de colère et poussé par l'esprit du mal, avait tué le frère d'Itier. Or, tels sont les personnages dont se servit la Mère de Dieu pour faire éprouver les effets de sa bonté aux malades du feu sacré.

Dans la nuit du mercredi 21 mai de l'an 1105, Norman fut favorisé d'une vision singulière. Une femme vêtue de blanc, d'une incomparable beauté, lui apparut pendant son sommeil. C'était la Vierge de la famille de David, la Vierge belle par-dessus toutes les femmes, parée de ses plus riches vêtements qui rappellent si bien l'admirable variété de ses vertus. Elle portait, en outre, un manteau plus précieux que l'or, qui répandait autour d'elle le plus doux éclat. *Vous dormez, lui dit-elle, tandis que d'autres souffrent cruellement Ecoutez ce que j'ai à vous dire : Levez-vous et partez pour la sainte Sion d'Arras, lieu sacré où gémissent les malades du feu ardent au nombre de plus de cent soixante. Lorsque vous y serez arrivé, je vous faciliterai les moyens de communiquer mes intentions à Lambert qui gouverne le diocèse d'Arras. Vous lui recommanderez de ma part, de veiller toute la nuit du samedi au dimanche, et de visiter les malades qui sont dans l'église et autour. Vous le préviendrez, en outre, qu'au premier chant du coq, une femme vêtue telle que vous me voyez, descendra du haut du chœur de l'église, tenant en main un cierge qu'elle vous remettra. Après l'avoir allumé, vous en ferez distiller des gouttes dans des vases pleins d'eau que vous donnerez à boire aux malades. Vous en répandrez même sur leurs plaies. Nul doute que ceux qui recevront ce remède avec foi seront guéris; ceux au contraire, qui le refuseront, perdront la vie. Vous vous associerez, à cet effet, Itier, celui-là même contre lequel vous nourrissez une haine mortelle, car il viendra vers vous le samedi que je vous ai indiqué, et après vous être*

— 11 —

réconcilié avec lui, vous le prendrez, lui troisième, pour vous accompagner dans la visite des malades.

Durant cette même nuit, la bienheureuse Vierge, vêtue de la même manière, se présenta à Itier et lui tint le même discours. Elle ajouta qu'il aurait pour compagnon son ennemi, avec lequel il se réconcilierait. A son réveil. Itier s'écria : « O quelle est belle, ô quelle est majestueuse et vénérable la mère de Dieu, Marie, qui m'est apparue. Oh! que ne puis-je, sous sa conduite et avec sa protection, me réconcilier avec mon ennemi et lui être uni par les liens de la charité! Oh! quel bonheur si, par la miséricorde de Dieu et l'intercession de sa sainte Mère, il m'était donné d'annoncer à tant de malades leur guérison! Néanmoins, disait-il, je crains d'être le jouet d'une illusion. J'attendrai donc et je veillerai les trois nuits suivantes pour savoir si cette vision se représentera encore, et plaise à Dieu qu'elle ne revienne! » Cela dit, il se lève et se rend à l'église pour assister à l'office divin. Là, humblement agenouillé devant un crucifix, les mains jointes, il prie Dieu avec ferveur et le conjure de lui faire connaître sa sainte volonté et de lui donner la grâce d'exécuter, au plus tôt, ce qui lui a été commandé dans sa vision.

La nuit suivante, la même vision reparut à chacun d'eux, mais cette fois, la bienheureuse Vierge Marie leur déclara que s'ils ne partaient à l'instant, eux-mêmes seraient punis du *feu ardent*.

CHAPITRE II.

Norman vient à Arras. — Il fait connaître à l'évêque Lambert sa vision. — Il est éconduit. — Itier arrive à son tour. — Il expose au prélat l'objet de sa mission. — Discours de l'évêque.

Norman, sorti de son extase, tout saisi de crainte, s'arme de son épée et dirige ses pas en toute hâte vers la ville d'Arras, où il arrive le vendredi dans la journée. Fatigué de la route, il profite de la nuit pour se reposer. Itier, de son côté, s'était mis aussi en voyage, mais ayant une distance beaucoup plus grande à parcourir, n'arriva pas à la ville le même jour.

Le samedi, de grand matin, Norman se leva et se rendit à l'église de Notre-Dame pour demander à Dieu la grâce d'accomplir sa mission. A peine s'est-il incliné devant l'instrument de la mort de Notre-Seigneur, à peine s'est-il muni lui-même du signe de la croix, qu'il se trouve entouré des pauvres malades du *feu ardent*. Il voit de ses yeux leurs maux cruels, il entend leurs gémissements et leurs plaintes. Cette vue lui rappelle la menace de la sainte Vierge : *Si vous ne vous hâtez, vous souffrirez les mêmes angoisses.* Alors les yeux pleins de larmes, il se frappe deux fois la poitrine en disant : « O Dieu ! pardonnez-moi, je ne suis qu'un pécheur. » Puis, se dirigeant vers la demeure de l'évêque, il récite à voix basse le psaume *Deus misereatur,* car il n'était pas sans connaissance des saintes lettres. Après avoir fait quelques pas dans la maison du pontife, il le trouve prosterné en prières dans la chapelle de saint Séverin. Norman le voyant dans ce saint exercice et craignant d'interrompre son oraison, s'approche de lui, se met à genoux par terre et s'incline profondément. Sa prière finie, le prélat regarde Norman et lui dit : « Que voulez-vous, mon fils ? » — « Saint père, répond celui-ci, j'ai plusieurs choses à vous dire, s'il plait à votre paternité de recevoir les secrets que je viens lui révéler. » — L'évêque lui fait signe de la main de s'asseoir à ses pieds, alors Norman commença en ces termes : « Dans la nuit de lundi dernier, une vision m'est apparue : je voyais la bienheureuse Vierge, la Mère de miséricorde qui m'a ordonné de venir vous trouver, pour vous recommander de visiter, vous troisième, les malades du *feu ardent* pendant la nuit du samedi au dimanche, c'est-à-dire la nuit prochaine. Elle m'a promis que vers le premier chant du coq, par une grâce singulière, elle vous remettrait elle-même un cierge allumé dont vous feriez découler des gouttes de cire dans de l'eau sanctifiée par le signe de la croix; que vous feriez boire aux malades de cette eau ainsi mélangée et que vous en arroseriez même leurs plaies. Elle ajouta que celui qui n'aurait point confiance en ce remède mourrait dans les sept jours. Je salue donc bien humblement votre paternité et lui laisse le soin de mettre à exécution les ordres qui m'ont été donnés. En cas de négligence, ce ne sera pas ma faute. »

Lorsqu'il eut cessé de parler l'évêque lui demanda : « Quel est votre nom, mon fils? de quel pays venez-vous ? quelle est votre profession ? » — « Ceux qui m'ont tenu sur les fonts sacrés, répondit-il, m'ont donné le nom de Pierre, dans la suite on y ajouta le surnom de Norman. Je suis né dans le Ternois, au château de Saint-Pol, et j'exerce, pour gagner ma vie, la profession de joueur d'instruments. » — « Mon ami, lui dit l'évêque, vous voulez me tromper. » — Norman confus de se voir ainsi éconduit par cette réponse si sévère, se retira à l'écart, offrant à Dieu l'humiliation qu'il venait de recevoir et compatissant aux misères qu'il avait sous les yeux.

Itier, qui avait passé la nuit à deux milles d'Arras, se hâta de partir au lever de l'aurore et arriva à l'église de Notre-Dame au moment où la cloche sonnait l'heure de tierce. Lorsqu'il eut fini sa prière, il entra sans opposition dans le palais épiscopal et pénétra jusque dans la chapelle où le pontife célébrait les saints mystères en l'honneur de la sainte Vierge. Comme il se trouvait seul laïque, au milieu des clercs de l'évêque, il attendit que le service divin fût fini pour lui parler. Lorsque le clergé se fut retiré, Itier s'approcha de l'évêque et lui dit : « Père saint, que votre paternité veuille bien écouter ce que son fils est venu lui faire connaître. » — Le prélat le regardant avec bonté, et le conduisant dans la sacristie de la chapelle lui dit : « Parlez mon frère » : — « Père saint, j'ai vu à deux reprises différentes, dans une vision, la femme la plus belle, entre toutes les filles des hommes, qui m'a chargé de venir vous trouver aujourd'hui samedi, pour vous communiquer ses ordres. Elle a même ajouté cette menace : que si je ne me hâtais j'éprouverais dans mon corps les tourments dont souffrent tant de malades étendus dans votre église. Elle m'a recommandé de vous dire de veiller dans la nuit du samedi au dimanche en présence de deux témoins, et de visiter ces infortunés. De plus elle m'a assuré que vers le chant du coq, elle vous apporterait un cierge allumé dont vous feriez distiller la cire dans de l'eau sanctifiée par le signe de la croix, et qu'ensuite vous en feriez boire à tous les malades. Celui qui croira sera guéri; mais celui qui ne croira pas sera puni de mort. »

Lorsqu'il eut cessé de parler, l'évêque reprit avec vivacité : « C'est un piége que vous me tendez. Quel est votre nom, votre pays, votre condition ? » — « Je me nomme Itier, répondit celui-ci, natif du Brabant, gagnant ma vie à chanter et à jouer des instruments. » — « Vous vous êtes concerté, ajouta le pontife avec un individu qui, ce matin, m'a tenu les mêmes propos. Je ne puis croire à ce que vous me dites, car je le vois, vous voulez me tromper. » — « Comment, dit Itier, pouvez-vous m'accuser de complicité ? » — « Mais tout à l'heure, un étranger de la même condition que vous, nommé Norman est venu me dire absolument la même chose, ce à quoi je ne puis ajouter foi. » — « Qui ? Norman, dit Itier en colère, car ce nom réveillait toute sa haine et lui faisait perdre le jugement, ainsi que ses beaux désirs de réconciliation. Ah ! si je le rencontrais je lui passerai mon épée au travers du corps; il a tué mon frère !!! A ce mot, l'évêque pensa que Dieu seul était sans doute l'auteur d'une vision qui pouvait procurer la réconciliation de deux ennemis, la guérison de tant de malades et être le sujet des plus éclatantes actions de grâces. Puis, essayant de réconcilier ces deux personnages, il dit à Itier : « Si vous conservez de la haine dans votre cœur, vous ne pourrez jamais accomplir l'œuvre de Dieu, suivant cette parole de l'évangile : *Si en vous présentant à l'autel pour offrir un sacrifice vous vous souvenez que votre frère a quelque chose contre vous, laissez là, au pied de l'autel votre présent et allez auparavant vous réconcilier avec votre frère, puis vous viendrez ensuite faire votre offrande.* (S. Mat. C. v. v. 23.)

« Il faut donc vous réconcilier avec votre frère et vivre en paix avec lui, car, dit le Seigneur : *Aimez la paix et la vérité.* Dieu est paix ; il est vérité, il est la vie. Lui-même, en effet, nous dit encore : *Je suis la vie et la vérité* ; Aimez votre ennemi, parceque Dieu est vérité et que celui qui demeure dans la charité demeure en Dieu et Dieu en lui. Oui, la charité doit s'étendre jusqu'à notre ennemi. Car la foi nous apprend qu'il faut aimer son ami en Dieu et son ennemi pour Dieu. La charité couvre une multitude de péchés ; sans elle, il n'y a point de vertu solide. Car, dit l'apôtre : *Quand je verserais tous mes biens dans le sein des pauvres, si je n'ai pas la charité, cela ne me sert de rien.* Et la divine sagesse ne dit-elle pas encore dans la sainte écriture : *Si vous ne pardonnez à votre frère, je ne vous pardonnerai pas non plus.* Mon fils, vous avez commencé l'œuvre de la charité, achevez l'œuvre de la charité. Que toutes vos œuvres soient faites dans la charité ; encore une fois, il faut vous réconcilier avec votre frère. O que le Dieu qui vous a fait à son image et à sa ressemblance, daigne vous confirmer dans la charité ! » Après cette exhortation, Itier se jeta aux pieds de l'évêque et lui promit de faire tout ce qu'il lui prescrirait pour sa réconciliation.

CHAPITRE III.

Norman reparaît devant Lambert. — Réconciliation d'Itier et de Norman.

Lambert satisfait des heureuses dispositions d'Itier, appelle l'un de ses clercs et le charge de chercher dans l'église Norman, l'homme avec lequel il s'était entretenu avant la messe. L'ecclésiastique partit à l'instant; et pour exécuter plus promptement les ordres du Prélat, il court en appelant Norman, à haute voix. Entré sous le parvis de l'église, il appelle encore. Norman lui répond : « Me voici que me voulez-vous ? » — « Si c'est vous, qui avez entretenu le premier pasteur, avant la messe, revenez de suite vers lui ? » Norman retourna à la chapelle du prélat, où étant introduit par son envoyé, il le trouve occupé de sa réconciliation avec Itier. Celui-ci, assis à la droite de l'évêque, avait abjuré tous sentiments de haine, pour ne plus donner place dans son cœur qu'à la charité. Le discours de l'évêque y avait allumé ce beau feu, non par étincelles, mais par flammes ardentes, Norman tout inquiet s'avance à la gauche de Lambert d'un pas incertain : « Mon fils, lui dit le ministre du Dieu de paix, nulle vertu, nulle bonne œuvre ne peut nous conduire à la perfection, si elle n'a la charité pour compagne et pour guide. La charité et la haine sont aussi opposées l'une à l'autre que la nuit l'est au jour. La haine est une espèce de fureur qui nous porte à tous les maux. La charité est le premier et le plus grand de tous les commandements du Seigneur; c'est le principe de toutes les bonnes actions. Vous aimerez le Seigneur votre Dieu, de tout votre cœur, de toute votre âme et de toutes vos forces, et votre prochain comme vous-même. Cette charité s'étend jusqu'à nos ennemis. Elle ne connait point de réserve. Car elle nous prescrit d'aimer nos ennemis pour l'amour de Dieu, à l'exemple de ce Dieu de toute miséricorde qui a pardonné à la Madeleine et au larron pénitent. Mon fils, Jesus-Christ en souffrant pour votre salut, vous a laissé un exemple à suivre. Marchez sur ses traces : il a prié pour ses persécuteurs ; priez aussi l'un pour l'autre, afin que vous soyez sauvés. Mes bien-aimés, dit-il encore, en s'adressant à tous les deux : Dieu vous a appelés pour recevoir une part dans l'héritage de ses bénédictions ; sa bienheureuse mère vous a appelés à l'accomplissement d'une œuvre de miséricorde, c'est-à-dire à la visite et au soulagement des maladies, afin que Dieu ne soit pas forcé de vous retirer son Saint-Esprit ; car ce divin esprit ne saurait se reposer dans une âme que transporte la haine. »

Vivement touché de ces exhortations pathétiques, Norman se prosterne, et, les mains jointes, les yeux pleins de larmes, il supplie le bon pasteur de changer par ses conseils et ses prières le ressentiment d'Itier en une sincère et véritable charité. De plus, il lui promet qu'il fera de suite tout ce qu'il lui plaira d'ordonner. Alors l'évêque se lève et leur dit : « Donnez-vous le baiser de paix, et, sans plus tarder, remplissez la commission qui vous a été confiée. Vous passerez la nuit en prières, afin que celui qui est un en divinité et trois en personne, daigne se montrer favorable à nos communes supplications et rende la santé aux malades qui gémissent dans notre église. » Il dit, et voilà que Itier et Norman, mettant en oubli le passé, se donnent mutuellement le baiser de paix en présence de l'évêque, et s'engagent l'un envers l'autre par une promesse réciproque. Lambert les admit à sa table, et, après leur avoir fait prendre une légère réfection, vers les neuf heures du matin, il les engagea à jeûner le reste de la journée au pain et à l'eau. Puis, étant entrés dans l'église, ils se mirent en oraison jusqu'au déclin du jour.

CHAPITRE IV.

Apparition de la sainte Vierge dans la cathédrale d'Arras. — Guérison des malades du *feu ardent*.

Lorsque le soleil eut entièrement achevé sa course et que la nuit eut étendu ses voiles sur notre hémisphère, Lambert vint rejoindre Itier et Norman. Tous trois alors rivalisant de ferveur, d'humilité et de contrition dans leurs prières, attendirent avec une sainte impatience l'heure indiquée pour la céleste vision. Leur espérance ne fut pas vaine. Au premier chant du coq, ils voient descendre doucement de la voûte du chœur de la cathédrale la Vierge, la Mère du Sauveur, la Mère de toute consolation, celle qui ramène au bon chemin les mortels égarés; l'étoile de la mer, le port du salut, l'espoir du pardon. Un flambeau divinement allumé brille dans sa main. *Approchez*, dit-elle aux ménestrels, *voici un cierge que je confie à votre garde et qui sera désormais un gage de ma miséricorde. Toute personne atteinte de ce mal, qu'on appelle le feu infernal, n'aura qu'à faire distiller des gouttes de ce cierge dans de l'eau dont elle arrosera son charbon, et, à l'instant même, ce feu malin s'éteindra. Celui qui croira recouvrera la santé, mais celui qui ne croira pas sera frappé de mort.*

Elle dit et disparut soudain. Itier et Norman reçurent ce cierge céleste avec le plus grand respect, et par vénération pour la bienheureuse Vierge Marie, ils crurent qu'il était convenable de le remettre entre les mains de l'évêque, résolus qu'ils étaient de n'agir que d'après ses conseils pour l'exécution de tout ce qu'ils avaient vu et entendu. « Non, leur dit Lambert, conservez ce cierge qui vous a été divinement donné ; mon unique désir est de m'associer à vous. C'est une grâce que je ne cesserai d'attribuer non à mes propres mérites, mais uniquement à la bonté divine. » Alors Itier, Norman et l'évêque s'étant embrassés en signe de l'alliance fraternelle qu'ils contractaient ensemble, se firent apporter trois vases remplis d'eau dans lesquels ils firent couler des gouttes de ce flambeau céleste. Puis, s'avançant sur trois lignes différentes, ils donnèrent à boire de cette eau bénite aux malades, et en arrosèrent aussi leurs plaies et ulcères. Ils continuèrent cette œuvre de charité toute la nuit et toute la matinée. Arrivés au dernier de ces infortunés, ils lui présentèrent, comme aux autres, la boisson salutaire. « Est-ce de l'eau ou du vin, demanda le malade ? » — « C'est de l'eau, lui dirent-ils. » — « Mais le vin vaut mieux que l'eau. » — « Eh bien, répondirent-ils, que ne prenez-vous part à la joie commune, afin de glorifier en vous le Fils de Dieu. » — « Prenez donc, mon fils, lui dit l'évêque, prenez cette boisson comme tous vos frères, et, comme à eux, la santé vous sera rendue. N'avez-vous pas été régénéré aussi bien qu'eux, au baptême, dans la même foi, et n'êtes-vous pas venu, comme eux, chercher ici votre délivrance ? » Ce malheureux, cédant aux instances de son premier pasteur plutôt qu'à un mouvement du Saint-Esprit, accepta le breuvage qui, bien loin de lui être salutaire, le mit sur le bord de la tombe. Car, peu d'instants après, il exhala son dernier soupir, et dit à toute chair un éternel adieu.

Après avoir accompli les derniers devoirs de charité que la sainte Vierge leur avait prescrits, Lambert et ses deux compagnons revinrent auprès des malades pour admirer les merveilles par lesquelles il plaisait à Dieu de glorifier dans la cathédrale d'Arras sa bienheureuse Mère. Les uns s'écriaient avec David : *Cantate Domino canticum novum qui mirabilia fecit.* « Chantez au Seigneur un cantique nouveau, parce qu'il a opéré des merveilles. » (Ps. 97, I.)

Les autres ajoutaient, dans l'excès de leur joie : *Notum fecit Dominus salutare tuum.* « Le Seigneur a fait connaître le salut » (qu'il avait promis). (Ps. 37, III.)

Ceux-ci chantaient avec un saint transport le psaume : *Jubilate Deo omnis terra, Psalmum dicite nomini ejus.*

« O vous tous, habitants de la terre, sonnez de la trompette en l'honneur de Dieu ; chantez des cantiques en son nom. » (Ps. 65, 1.)

Ceux-là répétaient avec Zacharie : *Benedictus Dominus Deus Israel quia visitavit et fecit redemptionem plebis suæ.* « Béni soit le Seigneur Dieu d'Israël qui a daigné visiter son peuple et le racheter. »

En un mot, autant il y avait de personnes guéries, autant il y avait d'actions de grâces différentes.

Il était déjà près de neuf heures. Le clergé et le peuple de la cité se trouvaient réunis dans l'église pour assister le dimanche au saint Sacrifice. L'évêque remit le cierge entre les mains d'Itier et de Norman ; puis, s'étant placé à l'entrée du chœur, il rendit gloire à Dieu et entonna à haute voix le cantique *Te Deum* que le clergé acheva avec la plus vive allégresse. Les malades qui ce jour-là se trouvaient dans l'église et dans le cloître, étaient au nombre de 144. Tous furent guéris à l'exception d'un seul (1).

(1) Extrait d'une charte en date du mois de mai 1201, munie de six cachets, le sixième étant détaché, savoir : 1° du sceau de la confrérie de Notre-Dame des Ardents ; 2° du sceau du mayeur de la confrérie ; 3° du sceau de l'abbaye de Saint-Vaast ; 4° du sceau du prieur des frères Prêcheurs ; 5° du sceau du ministre des Trinitaires : elle fut enregistrée par les notaires du saint Siége apostolique, l'an 1482, d'après les ordres de Sixte IV.

CHAPITRE V.

Origine de la confrérie de Notre-Dame des Ardents. — Le saint cierge est transféré dans la chapelle de l'hôpital de Saint-Nicolas. — Punition exemplaire. — Lambert fait présent à la ville de Lille d'un cierge tiré de celui d'Arras. — Même présent à Eustache III, comte de Boulogne, à l'abbaye de Ruisseauville, à l'abbaye de Blandecques. — Mort de Lambert.

Lorsqu'ils eurent achevé l'hymne de l'action de grâces, les trois serviteurs de Marie déposèrent le cierge miraculeux dans l'église paroissiale de Saint-Aubert, près de l'hôpital Saint-Jacques (1), où sans doute Itier et Norman avaient établi leur demeure. Leur premier soin fut de former une pieuse association pour la garde du céleste flambeau. A Itier et Norman, principaux dépositaires, et à Lambert, premier associé, vinrent se joindre, en la même qualité, successivement et d'année en année, Robert, chanoine d'Arras, successeur de Lambert; Erkembald ou Archambauld, abbé de Saint-Vaast; Gauthier, chanoine d'Arras; Nicolas d'Augrenon, chevalier, seigneur de Bailleul; Jean d'Ococh ou d'Ococche, chevalier, bailli d'Arras; Philippe d'Acheville, échevin d'Arras, et Jean de Wancourt, seigneur de Wancourt.

Le saint cierge ne resta déposé dans l'église de Saint-Aubert que l'espace de quatre ans. Dans le cours de l'année 1109, Itier et Norman quittèrent l'hôpital de Saint-Jacques pour se fixer dans une autre maison de charité, celle de

---

(1) L'hôpital Saint-Jacques était situé au coin de la rue des Agaches, du côté de l'hôpital Saint-Jean. Dans la suite, il fut transporté près de l'église paroissiale de Sainte-Croix.

Saint-Nicolas, située à deux pas de la première, dans la rue des Agaches, vis-à-vis le pont de Saint-Vaast. Il est vraisemblable que cette maison fut fondée spécialement pour le service des malades du *feu ardent*. Ce qui donne lieu à cette conjecture, c'est que cet hôpital porte dans les anciennes chartes le nom de Saint-Nicolas des Ardents, ou bien encore Maison des Ardents de Notre-Dame. De plus, dans la nomenclature des mayeurs de la confrérie des Ardents, à côté du nom de Robert d'Arras, chanoine et archidiacre, on lit une note qui nous apprend que ce fut de son temps que l'on érigea l'hôpital de cette même confrérie (1), près le pont de Saint-Vaast, qui n'existe plus depuis longtemps. Par suite de ce changement de domicile, le saint cierge fut transporté dans la chapelle de l'hôpital de Saint-Nicolas, trois ans après l'institution de la confrérie dont Itier et Norman avaient le gouvernement. Le Père L'Hermite raconte « que certains cavaliers (Nicolas Angrenon, seigneur de Bailleul et d'Immercourt, et Jean de Wancourt) les ayant par mépris dépouillés de cette charge, furent frappés de paralysie, et la Mère de miséricorde daigna leur apparoistre, les menaçant de mort misérable, s'ils ne recognoissaient leur faute et ne rétablissaient les esleus en leur office, ce qui fut fait avec soumission. » Cette société, connue sous le titre de la Charité de Notre-Dame des Ardents, se composait de deux mayeurs chantres, représentant Itier et Norman, pris dans leur famille, aussi longtemps qu'elle subsista, et depuis parmi les artisans les plus honnêtes; d'un mayeur appelé aux honneurs, représentant le premier associé, toujours choisi parmi les habitants les plus notables, soit dans l'état ecclésiastique, soit dans la noblesse, soit dans la bourgeoisie, et d'un nombre indéfini de personnes de l'un et de l'autre sexe qui, sous le nom de simples confrères, se faisaient inscrire dans les registres de la confrérie.

La ville d'Arras n'était pas la seule victime de la maladie des Ardens. Le fléau sévissait non-seulement dans l'Artois, mais encore dans les provinces voisines. C'est pourquoi les peuples demandèrent à Lambert de vouloir bien

---

(1) Robertus Atrebas, canonicus, archidiaconus, postea episcopus Atrebatensis. Hujus tempore erectum est xenodochium dictæ charitatis juxta pontem sancti Vedasti.

les faire participer au remède qu'il avait reçu du ciel. Le pieux prélat s'empressa de condescendre à de si légitimes désirs. La ville de Lille où il avait été chanoine et chantre de la collégiale de Saint-Pierre, qu'il aimait comme une seconde patrie, fut appelée la première en partage du présent de Marie. Il lui donna un cierge formé de gouttes de cire extraites de celui d'Arras, lequel fut exposé à la vénération des fidèles, dans une chapelle adjacente à l'église de Saint-Étienne (1).

Presque en même temps, Eustache III, comte de Boulogne, frère du fameux Godefroi de Bouillon, et proche parent de Lambert, vint en personne à Arras visiter le pieux pontife et lui demander quelques gouttes du saint Cierge, pour la guérison du peuple boulonnais et surtout des habitants de Boulogne. Ces gouttes de cire, mêlées avec de l'eau dans un baril de cuivre, produisirent ce merveilleux flambeau qu'on honorait dans l'église paroissiale de Desvres, dont Meyère fait une mention spéciale au livre IVe de ses *Annales de Flandre*, ainsi que Ferri de Locre dans ses *Chroniques de Belgique* en l'année 1105.

Lambert donna encore à l'abbaye de Ruissauville des gouttes de cire dont fut composé le cierge que l'on conservait avec grand honneur et vénération dans l'église de cet antique monastère (2). L'abbé qui reçut ce gage précieux de la bonté de Marie s'appelait aussi Lambert. Un vieux parchemin qui représentait le donateur et le donataire, tenant tous deux ce flambeau sacré, portait cette inscription : *Lambertus Lamberto*.

L'abbaye de Blendecques, près Saint-Omer, obtint la même faveur. Là vivait, dans la compagnie de plusieurs filles pieuses, la nièce de Lambert, avant que cette maison fut érigée en monastère. C'est en sa considération, que l'évêque d'Arras leur fit présent d'un pain de cire bénite, dont on forma, du moins en partie, les deux cierges qui attiraient un si grand nombre de pèlerins dans l'église du monastère, au pied de l'autel de Notre-Dame-du-Joyel.

Toutes ces saintes libéralités, Lambert les fit depuis 1105 jusqu'en l'année 1115, où il mourut. Il fut inhumé

---

(1) Le Père Lhermite, p. 108, et le Père Fatou, p. 38 et suiv.
(2) Le Père Fatou, p. 48.

dans son église Cathédrale, et au-dessus de sa tombe on plaça un marbre noir d'environ huit pieds, appliqué au mur septentrional du chœur, sur lequel était représenté l'illustre évêque avec cette inscription gravée en caractères très-anciens : *Anno Domini millesimo centesimo decimo quinto XV° calend. Junii obiit beatæ memoriæ Lambertus hujus Atrebatensis sedis Cardinalis Episcopus per hunc restituta est dignitas hujus Episcopatus quæ per multa tempora Cameracensi Episcopo, fuerat commendata. Huic episcopo et duobus joculatoribus Iterio et Normano B^a Maria in hâc Ecclesiâ apparuit dans eis candelam per quam sanantur ardentes igne malo.*

Le bas relief de cette inscription était orné de fleurs de lys et du château, dont Robert, premier comte d'Artois, forma les armes de cette province.

CHAPITRE VI.

Le pape Gélase II approuve la Confrérie. — Robert met à exécution le Rescrit apostolique. — Saint Bernard vient vénérer le saint Cierge. — Alvise, évêque d'Arras, en fait renouveler la charte. — Donation d'un terrain à la Confrérie — La chapelle dite du Tripôt. — Construction d'une nouvelle chapelle sur le petit marché. — Jean Bodel.

Lambert eut pour successeur immédiat Robert d'Arras, chanoine et archidiacre d'Ostrevent. Ce prélat, ayant été témoin oculaire de l'apparition de la sainte Vierge, se montra fort zélé pour la prospérité de la confrérie instituée en son honneur. Itier et Norman, ainsi que plusieurs habitants de la ville d'Arras et des lieux circonvoisins, écrivirent au pape Gélase II, pour le prier de vouloir bien sanctionner leur pieuse association. Il leur répondit par un rescrit daté de Cluny, le jour de la Chaire de saint Pierre, c'est-à-dire le 18 janvier 1119. Robert le mit à exécution le cinquième jour avant les calendes de juin, c'est-à-dire le 28 mai 1120. Dans son décret, il déclare avoir vu, de *ses propres yeux*, la bienheureuse Vierge apporter la sainte chandelle dans son monastère (1).

Dès lors la confrérie de Notre-Dame des Ardents, fut toujours regardée comme la principale association de la ville, et le saint cierge considéré comme la plus insigne de toutes les reliques. Cette association vit s'enroler sous sa bannière

---

(1) Robert se sert du mot monastère, parce que de son temps les chanoines vivaient en commun, renfermés dans un cloître, et prenaient leur repas dans un même local, qu'on appelait la *Synagogue*.

les personnages les plus illustres. Les comtes et comtesses d'Artois, les ducs et duchesses de Bourgogne et même les rois de France et d'Angleterre ; un nombre considérable de hauts dignitaires ecclésiastiques, des abbés, évêques, archevêques et cardinaux. Les religieux de la royale abbaye de Saint-Vaast en étaient les confrères perpétuels ; et le nom du pape Clément VI, Pierre Roger, qui fut Evêque d'Arras, puis archevêque de Rouen, figurait aussi sur le registre de cette célèbre confrérie, ainsi que nous le verrons plus tard.

Comme on doit le penser, le saint cierge fut bientôt célèbre dans toute la contrée. Il devint le but d'un pèlerinage très-fréquenté, à cause des guérisons miraculeuses qui ne cessaient de s'opérer dans la chapelle de Saint-Nicolas (1). Saint Bernard passant par Arras, vers l'an 1131, pour se rendre à Saint-Omer, où l'appelait la fondation du monastère de Clairmarais, témoigna à l'abbé de Saint-Vaast, chez lequel il était logé, le désir de le voir. L'abbé l'envoya chercher. Saint Bernard se leva aussitôt et sortit au-devant par respect. Ayant rencontré celui qui le portait, sur le cimetière de l'abbaye près de la Cour-le-Comte, il s'arrêta pour voir ce joyau céleste. Contemplant alors avec une sainte curiosité et un ravissement ineffable ce présent de Marie à laquelle il était si dévôt, il remercia Dieu et sa sainte Mère, de la félicité et de la douceur qu'il éprouvait à la vue de cet admirable luminaire. Pour perpétuer le souvenir d'une telle faveur, saint Bernard pria les religieux de Saint-Vaast d'ériger, en cet endroit, un monument. Ils y plantèrent une croix qui subsista jusqu'en l'année 1447. Comme à cette époque elle était tombée de vétusté, dom Jean du Clerc, abbé de Saint-Vaast, y substitua une croix de bronze qu'il fit placer sur un piédestal de grès, contre le mur d'enceinte du côté de la place de la Madeleine et de la Cour-le-Comte ou palais du Conseil d'Artois (2).

Robert étant mort l'an 1131, le siége d'Arras fut occupé par Alvise, flamand d'origine et abbé d'Anchin. Ce prélat, très-dévoué à la sainte Vierge et ami de saint Bernard, ayant été prieur de l'abbaye de Saint-Vaast, partageait la vénération des religieux de ce célèbre monastère envers le

(1) Bulle de Gélase II.
(2) Ferri de Locre. Le Père Fatou, p. 63.

saint cierge. Il mit tous ses soins à la conserver et même à l'augmenter parmi les fidèles. C'est lui qui le premier en fit renouveler la charte (1).

Sept ou huit ans plus tard, c'est-à-dire vers l'an 1140, les comtes de Flandre, dont Arras était alors regardé comme la capitale, firent donation à la confrérie de Notre-Dame des Ardents, d'un terrain considérable appelé depuis, le préau des ardents, pour y faire construire une chapelle et plusieurs bâtiments, savoir : une vaste salle de quatre-vingts pieds de long, sur une largeur en proportion, pour la tenue des assemblées des confrères, un logement pour les gardiens et suppôts de la chapelle et de la confrérie, plusieurs tentes et appentis pour les chevaux des officiers de la Gouvernance, des sergents et de la milice bourgeoise qui avaient coutume de veiller alternativement à la garde continuelle du saint cierge.

On comprendra la nécessité de toutes ces constructions si l'on se forme une juste idée du concours immense de pèlerins, qui, à de certaines époques, accouraient de toutes les directions pour vénérer ce joyau de Marie et demander à la Mère de Dieu la guérison de leurs maux. Dans ces circonstances, les officiers du prince et ceux de l'évêque étaient chargés de se trouver sur les lieux, d'empêcher les désordres et de prêter la main à la confrérie.

Le préau sur lequel s'élevaient ces bâtiments contenait le terrain occupé maintenant par toutes les maisons de la rue du Tripôt, du Blanc-Pignon et même par l'hôtel du Griffon. La chapelle du préau, où vraisemblablement le saint cierge fut déposé vers l'an 1140, était, selon toute apparence, beaucoup plus grande que celle qui subsista jusqu'à la révolution sous le nom de chapelle du Tripôt.

Dans la suite, les visites au saint cierge devinrent beaucoup moins fréquentes et moins nombreuses. De journalières qu'elles étaient, elles ne furent plus que périodiques. Dès lors, il ne fut plus nécessaire d'entretenir une garde continuelle autour de la chapelle. Une partie du préau fut

(1) Le Père Fatou, p. 19. Voyez aussi un manuscrit intitulé : *Recueil*, etc.. Alvise accompagna Thierry, comte de Flandre, au voyage de la Terre-Sainte. Il mourut en chemin et fut inhumé à Philippeville, en Macédoine, l'an 1148.

louée et affermée au profit de la confrérie qui ne conserva plus pour son usage que la salle d'assemblée et quelques appentis ou écuries pour les chevaux des officiers et des sergents toujours tenus de veiller à la garde du saint cierge à certaines époques de l'année.

Toutefois le zèle des grands et du peuple ne se ralentissait pas; nous avons même des raisons de penser qu'il ne faisait que s'affermir. La preuve, c'est qu'au commencement du treizième siècle, les souverains du pays firent construire à leurs frais, sur la Petite-Place, vis-à-vis le corps-de-garde, entre la maison rouge, siége des officiers de la gouvernance, et l'hôtel-de-ville, siége des échevins, un monument du travail le plus délicat et le plus gracieux qu'on ait jamais vu à Arras, pour y renfermer le saint cierge.

C'était une élégante pyramide de quarante pieds d'élévation, dans le style ogival le plus orné, sous laquelle se trouvait une petite chapelle, et, à côté, une petite sacristie. L'abbaye de Saint-Vaast étant propriétaire du fonds, l'abbé de ce monastère dut intervenir pour la concession du terrain et l'érection projetée. C'est ce que nous apprend l'inscription placée au-dessus de la porte, laquelle contenait la date précise de cette construction.

Anno Dom. inc. MCC, hæc pyramis erecta est in fundo S. Vedasti, per consensum abbatis et capituli, sine quorum assensu, nec altare hic potest erigi, nec divina officia celebrari nec aliud fieri.

Le saint cierge fut renfermé dans la partie supérieure sous différentes portes dont la dernière était en fer et sous différentes clefs. L'une de ces clefs était confiée à l'un des mayeurs chanteurs et l'autre à l'un des mayeurs aux honneurs. Il leur était permis de le descendre dans la chapelle pour le montrer surtout aux étrangers qui venaient le vénérer, mais jamais de le sortir sans l'assistance des principaux officiers du prince. Tel fut le lieu où l'on conserva ce gage de la protection de Marie jusqu'en 1791, époque de la destruction de ce magnifique sanctuaire.

La construction de la chapelle, sur la Petite Place, ne fit que donner un nouveau lustre à la pieuse confrérie des Ardents ainsi qu'au culte de Marie dans la ville d'Arras. Nos plus célèbres trouvères la chantaient dans leur poésie. Jean Bodel, natif d'Arras, consacra quelques-unes de ses stances au saint cierge. Qu'il nous soit permis de raconter les circonstances dans lesquelles ce jeune poète rendit cet hommage à la Consolatrice des affligés.

Jean Bodel, à l'exemple de plusieurs de ses compatriotes, avait aussi attaché le signe de la Croix sur sa robe de bourgeois et se disposait à partir pour la croisade avec les chevaliers de l'Artois et de la Flandre, lorsqu'une terrible maladie, la lèpre, dont il portait les indices au visage et aux mains, le força de renoncer à ce saint voyage. Elle ne l'excluait pas seulement de la compagnie des croisés, maison, patrie, amis et parents, elle lui enlevait tout. En effet, le lépreux était obligé de se séquestrer de la société. « Quant aucun devient mesiau », écrivait Beaumanoir... » il est mort quant au siècle. » S'il était pauvre, et que personne (circonstance assez rare), ne se chargeât de lui payer une pension dans quelque maladrerie, on l'obligeait à demeurer loin des grandes routes, dans quelque endroit voisin d'un bois, d'un ruisseau; là, il se construisait une cabane, et chaque jour, il y attendait la portion de nourriture qu'un valet de la commune ou de l'abbaye voisine venait déposer à l'entrée. Pour mériter la continuité de cette charité publique, le lépreux devait agiter une clochette ou bien faire entendre le son d'une cliquette, dès qu'il entendait le bruit des pas d'un homme autour de sa hutte. C'est ainsi qu'il avertissait toute âme vivante de s'éloigner rapidement d'un endroit contagieux et maudit.

Jean Bodel semblait être voué à cette affreuse destinée. Longtemps attaché au service de la commune d'Arras comme ménestrel, et peut-être comme héraut d'armes, il avait jusqu'alors mené une vie joyeuse et insouciante. Il était sans patrimoine, mais il était aimé dans le pays, et la commisération fut générale quand on apprit le malheur qui le menaçait. Comme il avait pu contribuer aux plaisirs de ses concitoyens, la commune, par l'entremise des échevins, décida qu'une rente fondée à son intention, serait payée au nom de la ville d'Arras, à une léproserie où il serait placé.

Ce fut pour implorer les secours de l'échevinage et pour dire un dernier adieu à ses amis qu'il composa un poëme intitulé : *le Congé*. Entre autres stances, il composa celle-ci à la sainte Vierge, dans laquelle il fait mention du cierge sacré.

« Source de tous les biens, dit-il, ô Notre-Dame, je prends congé de votre chandelle que vous donnâtes aux Jongleurs. Hélas, j'ai dû renoncer à la baiser pour le mal qui m'afflige. Je n'ai plus à recourir vers elle, mais je lui laisse à jamais mon amour. Et quand je serai sur le petit Marché, j'irai coller mon cœur sur la tour dans laquelle elle est conservée. »

    Dame en cui sont tout bien logié,
    A vo candoille prens congié,
    Que donnastes as Jougleours.
    A li baisier ai renoncié
    Pour un mal qui si ma blecié
    K'aler me convient les destours
    Dusqu'à li niert mais mes retours
    Mais m'amour li lasse à toujours.
    Et quand iere ou petit Marchié
    De moi iert baisié la tours
    Ou establis est ses secours
    S'aurai cueur mains mes avisié (1).

(1) Baude Fastoul, autre poëte d'Arras, convaincu comme Jean Bodel, de mesellerie, hérita de la rente fondée par la commune d'Arras en sa faveur.
Adam de La Halle, ou Adam le Bossu, était un autre poëte natif d'Arras, non moins dévot que le précédent, à la sainte Vierge.

CHAPITRE VII.

Donation d'Adam de Bapaume et d'Emma, bourgeois.—Nouvelles libéralités. — Acquisitions. — Les Petits-Ardents. — Incendie de l'église Saint-Géry. — Donation de Hugues de Miraumont. — Asson renouvelle la charte. — Le parlement de Paris. — La comtesse Mahaut donne, entre autres biens, la châsse d'argent. — Nouvelles acquisitions. — Jean Sacquépée. — Louis XI.

La libéralité des comtes de Flandre envers la sainte chandelle, trouva des imitateurs. Au mois d'avril 1210, en présence des prévôt et échevins de Beaumetz en Cambraisis, Adam de Bapaume et sa femme, bourgeois d'Arras, firent la donation à Emma, sœur d'Adam, de trente-une mesures de terre, en plusieurs pièces, situées au terroir de Lagnicourt, sous la condition de les employer à usage de deux hôpitaux : l'un pour les pauvres écoliers, et l'autre pour les malades du *feu ardent*. Ce ne fut qu'après la mort de son frère que Emma mit à exécution ses volontés. En 1250, elle donna la saisine de quinze mesures de terre à Willaume, doyen de la cathédrale, pour la dotation de l'hôpital des pauvres clercs, et la saisine de seize autres mesures de terre à Adam le Sauvage, son mari, qui, cette année-là, était mayeur de la confrérie, pour la fondation d'un hôpital à l'usage des malades du *feu ardent*.

En 1216, de nouvelles libéralités vinrent se joindre aux premières. Elles nous sont attestées par une lettre en latin de Raoul, évêque d'Arras, du mois de mars, qui approuve une vente faite en sa présence et celle des échevins, par les abbesse et religieuses de la Brayelle-lez-Annay (1), au profit de la confrérie de Notre-Dame des Ardents, de trois parts dans une maison située à Arras, devant celle du nommé Robert Legras (2).

Au mois de mai 1220, Michel de Harnes fit encore la donation, à la sainte chandelle, d'un muid d'avoine sur les revenus d'Acheville. Enfin le même bienfaiteur, quatre ans plus tard, ajouta à cette libéralité une nouvelle donation de même nature et de même valeur.

Dieu, qui ne se laisse pas vaincre en générosité, récompensa la foi de ses serviteurs par des prodiges. Il en est un qui ne contribua pas peu à augmenter la dévotion des fidèles envers la sainte Vierge, puisqu'il donna lieu à l'établissement, dans la ville d'Arras, d'une seconde confrérie qu'on appela la confrérie des Petits-Ardents, pour la distinguer de la première ou principale qui s'appelait la confrérie des Grands-Ardents.

Vers l'an 1226, Mademoiselle de Ghistelle, fille de la gouvernante d'Arras, tomba dans une fâcheuse maladie qui fit tout appréhender pour ses jours. Sa dévotion envers la Mère de Dieu lui inspira la pensée de demander une fiole d'eau bénite avec le saint cierge. On lui accorda même, avec cette eau, une goutte de cire de l'inestimable flambeau. Elle en but dans le ferme espoir d'être soulagée. Elle obtint plus qu'elle n'espérait, car elle fut effectivement guérie. Quelque temps après, étant retombée dans son infirmité, elle se ressouvint de son premier remède. Elle envoya voir s'il n'était point resté dans la même fiole quelque peu de cette eau qui lui avait été si salutaire. Elle était encore pleine, non pas d'eau, mais de cire. On en fit un cierge en y ajoutant une livre de cire provenant des gouttes de celui de la grande confrérie. Alors tous les peuples des villes voisines, mus par une sainte émulation, briguèrent à l'envi l'honneur de posséder ce précieux trésor. Mais, comme les drapiers de la ville d'Arras étaient, à cette époque, également riches et religieux, ils obtinrent la préférence et déposèrent ce cierge dans la chapelle de l'hôpital de la sainte Vierge au jardin des Drapiers, située dans la rue des Lombards ou des Chariottes. Cette chapelle a été vendue et démolie en 1793. Les confrères

(1) Monastère de l'ordre de Citeaux, fondé par Michel, comte d'Antoing.
(2) Recueil et Répertoire de M. le chanoine Théry.

des Petits-Ardents célébraient leur fête le dimanche après la Saint-Jean-Baptiste. Ils allaient, ce jour-là, faire hommage dans la cathédrale, à Messieurs du chapitre, d'une roue de bougies de cire (1).

À ce fait extraordinaire qui nous est attesté par l'existence d'un monument et d'une confrérie, il faut ajouter celui-ci qu'une tradition non interrompue a transmis jusqu'à nous. Gazet le rapporte ainsi dans son histoire de la Sainte-Chandelle : « L'an 1233, comme le tonnerre ardent fut tombé sur l'église de Saint-Géry, le feu devint si âpre et si violent, que pour grande quantité d'eau de puits voisins qu'on y jettat, on ne le put éteindre, tant que par l'avis de quelques gens pieux et dévots on eût mêlé quelques gouttelettes de cette eau de la sainte chandelle avec l'eau, dont étaient pleins les vaisseaux, de façon qu'il suffit pour éteindre le feu, d'arroser de cette eau ainsi mixtionnée l'endroit qui ardoit et brulait (2). »

Quatre ans après cet événement, c'est-à-dire au mois de mai de l'année 1237, Hugues de Miraumont, chevalier, et Elisabeth, sa femme donnèrent à la Sainte Chandelle, deux mencauds de blé sur deux mencaudées situées au terroir de Miraumont. Presque en même temps le seigneur de Bailleul lui fit aussi la donation de deux razières de blé sur quatre mesures de terre sises audit lieu. A son exemple deux de ses voisins, le seigneur de Fresnoy et celui de Rouvroy donnèrent à la même Confrérie, le premier 23 mesures de terre avec quatre mencauds de blé, et le second 17 coupes et demie de terre.

Le temps qui amoindrit tout ne faisait que donner une importance toujours plus grande à cette pieuse institution. Asson, Évêque d'Arras (3), en renouvela la charte en 1244 et la fit enregistrer. Dans le cours de la même année, pareille charte fut encore rédigée par les mayeurs de la confrérie.

Vers la fin de ce siècle, le parlement de Paris fit une mention bien remarquable du saint cierge dans un arrêt

---

(1) Rayssius, page 306.
(2) Voyez Fery de Locre *ad annum* et le père Fatou.
(3) Asson, natif de Diéval et archidiacre d'Ostrevent, succéda à Jacques de Dinan, mort en 1231. Il fit venir à Arras les Dominicains en 1233 pour l'aider à extirper l'hérésie des albigeois qui s'étendait jusqu'à Tournay.

rendu à l'occasion d'une émotion populaire qui eut lieu à Arras en 1285. Pour désigner plus particulièrement le théâtre du désordre, cet arrêt s'exprime ainsi : *Juxtà locum ubi candela beatæ Mariæ est reposita, et ubi consuetum est à Deo multa miracula operari.* C'est-à-dire que le fort de l'insurrection eut lieu sur la Petite-Place, près de la chapelle ou se trouve la chandelle de la bienheureuse Vierge et où le Seigneur se plait à opérer un si grand nombre de miracles.

Dans le cours du xive siècle le saint cierge obtint encore de nombreux et augustes suffrages. Sans parler d'une quantité de petites rentes qui lui furent assurées sur diverses maisons de la ville, par la piété des fidèles, nous rappellerons les lettres de la princesse Mahaut, comtesse de Bourgogne et d'Artois en date du 11 décembre 1320, par lesquelles elle donne à la Confrérie de Notre-Dame des Ardents, 20 sous de rente sur le petit tonlieu d'Arras, « pour le remède, » est-il dit dans l'acte, « des ames tant de bonne mémoire notre cher seigneur et père Robert, jadis comte d'Artois que de nous et de nos enfants, » On lui attribue généralement encore la châsse d'argent du travail le plus beau et le plus délicat, qui renfermait le saint cierge. La fabrique de la Cathédrale vient de faire restaurer cette admirable pièce d'orfévrerie (1860).

A la suite de cette illustre souveraine on voit figurer un personnage célèbre. Pierre Roger abbé de Fécamp qui se fit inscrire sur les registres de la confrérie. Devenu évêque d'Arras en 1329, il la protégea d'une manière toute particulière. Parvenu à la papauté en 1342, sous le nom de Clément VI, il l'enrichit de diverses indulgences, ainsi que la Confrérie de Notre-Dame du Joyau établie à Lille. Enfin le même pape pour prouver l'estime que lui inspirait la dévotion au saint cierge, en fit de nouveau examiner et enregistrer l'histoire. Vers la fin du xive siècle la Confrérie des Ardents se trouvait dans un état assez prospère pour faire des acquisitions. D'abord elle acheta sur la terre de Quevigny, un arrentement de 20 livres, puis en 1361 elle acheta encore de Floridan de Femmechon la seigneurie appelée le vieil Simencourt. Mais il y a toute apparence que cette acquisition ne se fit pas sans quelque condition ; car à l'époque de la fête principale, les mayeurs offraient un hommage au seigneur de Simencourt en lui adressant un discours conçu en ces termes :

« M. de Simencourt, MM. mayeurs et caritables de la Carité des Ardents en la ville d'Arras, vous font présent de six pains, deux lots de vin, une pièce de mouton bouilly, une pièce de chair salée et une pièce de veau roti pour votre diné en la manière accoutumée. »

Comme il serait trop fastidieux de rappeler les faits innombrables qui se rattachent au saint cierge, le lecteur nous saura gré de notre réserve, si nous nous bornons à citer ceux qui pourront l'intéresser davantage.

La rente établie sur le tonlieu d'Arras par la comtesse Mahaut, au profit de la confrérie des Ardents, n'ayant pas été payée exactement depuis douze ans, Philippe, duc de Bourgogne, comte de Flandre et d'Artois, le sut et donna l'ordre au receveur de ses domaines de la solder avec les arrérages. Dans sa lettre qui porte la date de 1401, ce prince affecte de dire, avec un saint orgueil, qu'il fait partie de la confrérie.

Mais voici l'un des premiers magistrats de la ville d'Arras qui a noblement signalé son zèle pour la gloire de Marie. En 1422, Jean Sacquespée, chevalier, seigneur de Baudimont et mayeur de la ville d'Arras, conseiller du duc de Bourgogne et receveur des subsides, fit bâtir, à côté de la pyramide, une petite chapelle dans laquelle il fonda une messe journalière, à la rétribution de quarante livres par an. Martin Poré, évêque d'Arras, y donna son approbation, ainsi que le chapitre, qui nommait alternativement avec l'évêque. Pour ne point laisser cette œuvre imparfaite, Jean Sacquespée et Antoine, son frère, pourvurent la chapelle de tous les effets et ornements nécessaires à la célébration des saints mystères, comme le déclara le chapelain, sire Beauduin de Meuricourt, suivant un acte du 4 juillet 1432, fait avec les échevins d'Arras (1).

A l'exemple des souverains pontifes, les cardinaux, évêques et princes de l'Eglise accordent à la confrérie les encouragements les plus flatteurs. Le cardinal de Chypre, légat *à latere* en France, se trouvant à Arras pour le traité de paix qui y fut conclu le 25 septembre 1435, permet de

(1) Recueil, etc.

bénir l'eau dans la chapelle, chaque dimanche, et d'y suspendre une cloche pour convoquer les fidèles. Il ajoute à ce privilège une indulgence de cent jours, applicable aux fêtes de la sainte Vierge, de saint Jean-Baptiste et de saint Pierre et saint Paul. En même temps que l'Eglise gratifie la confrérie de Notre-Dame-des-Ardents des faveurs les plus précieuses, les grands de la terre entourent le saint cierge de leur vénération.

Louis XI, pendant son séjour à Arras, du 24 au 30 janvier 1463, vient le visiter ; on le lui montre avec grand appareil, au son de la grosse cloche de la ville, Désirée, qui fut cassée dans cette circonstance.

Nous ne nous arrêterons pas à détailler divers faits miraculeux attribuée à l'eau bénite par le saint cierge, tel qu'un incendie éteint par elle, comme celui de 1233, le jour de saint Benoît, où le tonnerre tomba en 1513 sur l'abbaye de Saint-Vaast et y mit le feu, ni ces guérisons admirables, de charbons, de fièvres, d'inflammations, d'ulcères, de plaies, de blessures, dont parle l'historien Gazet. Pour raconter ces choses, il faudrait des preuves irréfragables. Toutefois, nous devons faire remarquer, à cette occasion, que dans toutes les calamités publiques et particulières, la première pensée des atrébates était de tourner leur regard vers ce céleste flambeau que Marie leur avait donné comme un gage de sa protection puissante.

CHAPITRE VIII.

Les prélats honorent le saint cierge. — On l'allume dans les circonstances majeures. — L'archevêque de Cambrai et l'abbé de Cantimpré visitent la chapelle. — Visite des Irlandais. — Nouvelle indulgence. — Ferdinand, infant d'Espagne. — Le siége d'Arras en 1640. — Réparation de la chapelle et construction d'une rotonde.

Aux XVIe et XVIIe siècles, les plus hauts personnages de l'Eglise et de l'Etat tenaient à honneur, comme dans les siècles précédents, de venir visiter le saint cierge dans la chapelle où il était déposé. Les évêques les plus illustres qui ont occupé le siége d'Arras y donnaient le sermon le jour de la fête principale. Ainsi, en 1540, 1541 et 1544, ce fut l'évêque suffragant, administrateur du diocèse en l'absence de Mgr. Pernot de la Granvelle, qui porta la parole dans cette circonstance. En 1569, ce fut le savant Richardon, l'un des Pères du Concile de Trente, et en 1580, Mathieu Moulart, qu'on pouvait appeler, à juste titre, le marteau de l'hérésie dans la province d'Artois. D'autres prélats, cardinaux, archevêques célébraient la sainte messe dans la chapelle, en présence des princes et des plus éminents personnages. On allumait le saint cierge dans les circonstances extraordinaires, soit pour éloigner de grands malheurs, comme au siége d'Arras, par Louis XI, en 1477, soit pour remercier Dieu de quelque bienfait, comme à la publication de la paix entre la France et l'Espagne, en 1598. On l'alluma encore pendant un temps assez considérable, à la fin du XVIe siècle, en présence de l'archiduc Albert et de l'infante Claire-Eugénie, ces souverains bien-aimés du pays, le 13 février 1600, jour de leur entrée solennelle dans la ville d'Arras.

En 1606 Jean Richardot, archevêque et duc de Cambrai, vint célébrer la sainte messe au sanctuaire vénéré de Marie. Il y revint trois ans après, le vendredi 9 mai 1609 pour y conduire l'archevêque de Rhodes, Gui de Bentivoglio, nonce et légat à *Latere* dans les Pays-Bas. pour sa sainteté Paul V.

Dans l'intervalle, c'est-à-dire, le 1er août 1607, le révérend père en Dieu, l'abbé de Cantimpré-lez-Cambrai, avait fait aussi le pieux pélerinage et sollicité la faveur de voir le saint cierge, ce qui lui fut accordé en présence des mayeurs.

A peu près à la même époque, messire Izambart Lecocq, abbé d'Eaucourt se faisait inscrire sur le registre de la confrérie par reconnaissance et par dévotion, « aiant esté guary d'un mal brulant à la joue par l'opération de l'eau de la sainte chandelle. » (Registre de la Confrérie.)

Les merveilles accomplies par la protection de Notre-Dame des Ardents avaient jeté un si grand éclat dans le monde que sa renommée avait traversé les mers et pénétré au sein même de l'Irlande. Les habitants de cette contrée l'invoquaient au moment du péril et en obtenaient aide et assistance. En voici un exemple : Le 9 novembre 1607, on vit arriver à Arras huit personnes de cette île, dont trois prêtres, trois gentilshommes et deux femmes qui venaient visiter le saint cierge et payer à la Vierge puissante, l'étoile de la mer, le tribut de leur reconnaissance. Ils se nommaient, les prêtres, Dermitig Lucherenus, Tullig Monting, Hellang Ciarnang; les gentilshommes, Patric Quiring, Jacob Walciq, Cormacq Gerrig ; les femmes Margaretta Gaurina et Afflina Equana. Ils racontèrent unanimement que se trouvant sur mer sur les côtes de Hollande et de France, ils furent assaillis par une tempête si terrible qu'ils eurent bientôt perdu rames, voiles et patron. Dans ce péril extrême de naufrage, qui dura quarante huit heures, c'est-à-dire, les lundi et mardi 8 et 9 octobre, ils réclamèrent l'assistance de la glorieuse Vierge Marie et firent le vœu d'aller en pélerinage à Arras pour honorer la sainte chandelle, « qui était, disaient-ils, grandement recommandée en leur dict pays d'hybernois. » A peine eurent-ils fait leur promesse, que la tempête s'apaisa; tout danger disparut et le navire arriva à bon port. L'un des prêtres Tullig, Monting déclara qu'après l'émission de leur vœu, il avait vu une femme tenant un enfant dans ses bras, qui debout sur le navire, dirigeait l'embarcation et la conduisit heureusement à terre ferme.

Déjà le 21 octobre précédent, haut et puissant prince Hugues O'Néole comte de Thyrione, grand seigneur en Irlande, fuyant les pays et domination du roi d'Angleterre, pour cause de la foi catholique et romaine, passa par Arras pour aller à Bruxelles, et s'arrêta dans nos murs avec l'intention de visiter la sainte chandelle. On le vit en effet lui et ses chapelains, ainsi que les gentilshommes de sa suite, venir faire leur dévotion et offrande à l'antique chapelle. Pour conserver le souvenir de cette pieuse démarche ils emportèrent avec eux bon nombre d'images et de notices sur l'avènement du saint cierge.

Afin de conserver et d'augmenter une dévotion si louable, les souverains pontifes et les évêques d'Arras, avaient soin d'ajouter quelques nouvelles faveurs à celles qu'avaient déjà accordées leurs prédécesseurs. C'est ce que fit Paul V, le 13 juillet 1609. L'évêque Herman Ottemberg étant venu visiter le 12 mai 1615 la pyramide où se conserve, disait-il, le cierge célèbre dans tout l'univers, le cierge que la mère de Dieu a apporté à Arras de ses propres mains, ce prélat accorda 40 jours d'indulgence aux fidèles qui viendraient prier aux environs de la chapelle pour la conservation de la ville d'Arras et le bonheur de tous et chacun de ses habitans.

Dans le cours du xviie siècle, le sanctuaire de Marie reçut encore une visite extraordinaire. Le 17 septembre 1636, Ferdinand, infant d'Espagne, lieutenant et gouverneur général des Pays-Bas et de Bourgogne se trouvant à Arras, vint accompagné de toute sa cour y entendre la messe. Pendant le Canon, on alluma le saint cierge, dont on fit découler des gouttes dans de l'eau que l'on présenta au prince. Puis ensuite on en déposa quelques autres gouttes dans une capsule de vermeil attachée à un cordon de soie bleu céleste et blanc que l'on offrit à son Altesse royale. Cette cérémonie se fit en grande pompe, en présence des mayeurs placés sur deux rangs. De plus, pour récompenser les hallebardiers de l'infant qui avaient « faict reng et place aux dicts mayeurs, » ceux-ci leur firent présent à chacun de six florins.

Cette célèbre visite fut suivie, à quelques années de distance, d'un événement qui fit courir au saint cierge et à sa pyramide le plus grand danger. Nous voulons parler du siége d'Arras en 1640. Le rédacteur des Annales de la Confrérie entre à ce sujet dans quelques détails qui ne sont pas dépourvus d'intérêt. Dès le 13 juin, les Français commencèrent le bombardement de la ville et l'incommodèrent considérablement. Ils dirigeaient leurs coups sur les monuments les plus élevés, afin de faire périr plus de monde. Au mois de juillet une bombe tomba par terre, près de la chapelle, et donna contre la muraille. Une seconde tomba derrière le monument et renversa la belle image de Marie, qui était placée dans une niche de bois au-dessus de l'autel. La niche et la table d'autel furent brisées, la muraille fut en partie ruinée : mais l'image de la sainte Vierge fut retrouvée par terre, les pieds devant, près du mur, sans le moindre dommage. Cependant, la commotion produite par la chute de ces deux bombes avait été telle que rien dans la chapelle ne resta intact. Vitres, croix, gonfanons, pavillon, tableaux des mayeurs, images, cierges, ornements, tout fut gâté, déchiré, brisé.

A la vue de ce désastre, un officier de la confrérie, en présence d'un mayeur, cacha en terre le saint cierge sous le pavé. A peine étaient-ils sortis qu'une autre bombe tomba et les aurait infailliblement écrasés, s'ils fussent restés quelques minutes de plus. Cependant, pour éviter une plus grande ruine, les mayeurs firent réparer en toute hâte et en briques la muraille renversée, et replacèrent sur l'autel l'image vénérée de Marie. Quelques jours après, une bombe lancée à dessein, selon toute apparence, par un huguenot ou athée, dit le narrateur, abattit la muraille nouvellement réparée. Cette fois, le comble fut en partie démonté, les lambris et planchers ouverts, les poutres brisées, les murailles dans la partie supérieure tout ébranlées; cinq à six personnes furent tuées ou blessées. Mais, chose admirable ! l'image de la sainte Vierge, au milieu de tant de ruines, demeura intacte à la même place, sur l'autel où elle avait été déposée. Alors on la transporta processionnellement à la chapelle de la rue Neuve (du Tripôt), où l'on continua de lui rendre les hommages accoutumés. Les Trinitaires, dont la maison et l'église avaient été détruites au faubourg, y firent leurs offices. Quant à la chapelle du Petit Marché, ce n'était plus qu'une ruine. On fut contraint de démolir la muraille qui était pendante, de jeter à l'intérieur tous les matériaux et décombres, et d'en murer les portes. L'auteur de ce récit en donne la raison : Il y avait aux environs de la chapelle des soldats suisses, parmi lesquels se trouvaient des hérétiques qui montaient la garde à l'hôtel-de-ville. Ces derniers poussaient l'impiété jusqu'à faire leurs nécessités dans le sanctuaire. *Proh dolor !* Les notabilités, tant de l'ordre civil que de l'ordre ecclésiastique, donnèrent leur parole que la chapelle serait rétablie. Pour obtenir la protection du souverain, on fit présent au roi Louis XIII, à la reine Anne d'Autriche, à Mademoiselle, au cardinal de Richelieu et au secrétaire d'Etat Desnoyers, de cœurs d'or contenant des gouttes du saint cierge. Toutefois, l'effet de cette promesse se fit longtemps attendre.

Cependant la ville se rendit le jour de Saint-Laurent, 10 du mois d'août, et dans la capitulation donnée le 12 par les Français, il est fait mention, à l'article trois, d'une manière toute spéciale, du saint cierge. Cet article porte ce qui suit : « Que le saint cierge et toutes les autres reliques ne seront transportés hors de ladite ville et cité. »

Les nouveaux dominateurs ne se montrèrent pas moins zélés envers le saint cierge que les anciens maîtres de la province. Comme les premiers, ils sollicitèrent la faveur de le faire allumer en leur présence. C'est ce qui fut accordé en 1642 au maréchal de Brézé. En 1644, Philippe de Torcy et l'intendant le Vayer obtinrent une grâce non moins précieuse. Cédant « à leur grande prière et instance, » on leur octroya quelques gouttes de cire, ainsi qu'à Madame la gouvernante Suzanne d'Humières. Pareil don fut fait, en 1646, à Sylvie de l'Hôpital, seconde femme de Philippe de Torcy. Ces choses se passaient, selon toute apparence, à la chapelle de la rue Neuve ou du Tripot, car celle de la Petite-Place n'était pas encore relevée de ses ruines. Sa reconstruction fut l'objet de beaucoup de difficultés, et il y eut, à cette occasion, de fréquentes réunions de la confrérie, où le concours ne fut pas unanime. Ce ne fut que le 3 juin 1648 qu'on put aboutir à quelque chose, après avoir réclamé l'intervention de l'abbaye de Saint-Vaast, qui se montra, comme toujours, bienveillante et secourable. Elle permit aux mayeurs de prendre cinq pieds de terrain au plus fort de la rondeur, sur la Petite-Place, pour y faire une construction en forme de rotonde, sous condition de lui présenter chaque année un cierge d'une livre et demie, le quinze juillet, jour de la relation des reliques de Saint-Vaast. De plus, un emprunt de 2000 livres, pour *continuer* la construction, fut autorisé par lettres patentes de Louis XIV, en date du 5 mai 1649, et Léonor Des Lyons, mayeur, donna 200 livres pour les embellissements intérieurs. Qui donc avait commencé les travaux ? Indubitablement, l'abbaye de Saint-Vaast. La chapelle ayant été terminée en 1655, Dom Maximilien de Bourgogne (1), abbé de Saint-Vaast, y célébra la première messe en qualité de principal restaurateur, et lui fit don d'une chasuble de drap d'argent ornée de ses armoiries. Ensuite, le 8 décembre de la même année, les mayeurs, qui, eux aussi, avaient tenu la main à la réédification de ce monument, y firent célébrer une messe en musique par M. Robert de Milly, chapelain de la confrérie.

(1) Le 10 septembre 1660 est décédé à Paris, révérend père en Dieu et très-illustre prince Maximilien de Bourgogne, abbé de Saint-Vaast d'Arras, très-digne protecteur de cette confrérie (N.-D. des Ardents), ayant donné le rétablissement de la chapelle sur la petite place. — Reg.

CHAPITRE IX.

Visite de Maurice de Saxe. — Tentative d'une réforme. — Destruction de la chapelle. — Le saint cierge est caché. — On en retrouve la custode dans un puits du cloître. — Les anciens confrères font une démarche, mais sans succès, pour obtenir le rétablissement de la confrérie en 1806.

Jusqu'à présent, nous avons raconté les gloires de Notre-Dame des Ardents, maintenant il ne nous reste plus qu'à dire ses malheurs. Le saint cierge reçut encore la visite d'un grand du monde, au commencement du dix-huitième siècle, mais ce fut la dernière. Le 19 juin 1745, Maurice de Saxe, arrivé de Paris avec une suite nombreuse, vint se loger au cabaret nommé le *Petit Saint-Pol*, vis-à-vis le Marché au Poisson. Le lendemain, jour du Saint-Sacrement, ayant entendu dire que le saint cierge était exposé dans la chapelle de la rue Neuve (du Tripôt), à cause de la fête, ce prince fit prévenir les mayeurs aux honneurs, MM. Du Pasquier, intendant du Mont-de-Piété, et Viart, argentier (receveur) de la ville, de se trouver, ce jour-là même, à une heure de l'après-midi, à la chapelle, parce qu'il avait l'intention de voir le saint cierge. Il s'y rendit, en effet, avec le duc d'Elbeuf, gouverneur général de la province, qui était alors en ville pour la tenue des États, et l'intendant M. de Bernage. Ces Messieurs, après avoir vu le cierge vénéré, demandèrent qu'on l'allumât en leur présence. Les mayeurs firent quelque résistance. Maurice de Saxe était protestant. Mais M. le duc et M. de Bernage mirent tant de forme et de bonne grâce dans leur requête, qu'on acquiesça à leur prière.

Vers le milieu du siècle, de ce siècle incrédule et moqueur, qui, descendu aux dernières limites de la dissolution, en était venu au point de ne plus rien croire et de tout mépriser, la dévotion à la Vierge immaculée devint, dans nos contrées toujours si religieuses et si catholiques, l'objet des plus infâmes sarcasmes. Ceux mêmes que la divine Providence avait placés comme en sentinelles pour défendre les intérêts de l'antique piété, effrayés de pareils symptômes et voulant donner une sorte de satisfaction aux préjugés du temps, crurent devoir provoquer la réforme de certains usages qui leur paraissaient abusifs dans la confrérie. Par suite d'un réquisitoire du promoteur du diocèse, Monseigneur de Conzié, évêque d'Arras, rendit une ordonnance le 13 juin 1770, qui avait pour but la répression de plusieurs usages. Cette mesure donna lieu à diverses délibérations par lesquelles les mayeurs essayèrent de justifier leurs coutumes et pratiques. Ces réclamations respectueuses suspendirent pour quelque temps l'effet de l'ordonnance épiscopale. Mais bientôt après, l'ouragan révolutionnaire renversa tous nos monuments religieux. La belle pyramide succomba la première. L'ennemi de Dieu et des hommes, pour venir plus facilement à bout de ses affreux desseins sur la ville d'Arras, commença par détruire la chapelle de la Vierge puissante. Dans le cours du mois de juin 1791, on procéda à sa démolition, sous prétexte qu'elle menaçait ruine. La pyramide était encore si solide qu'il fallut attacher au sommet des câbles auxquels on attela des chevaux pour l'attirer à bas. Lorsque cet acte de vandalisme et d'impiété fut accompli, on vit alors fondre sur la ville d'Arras les plus terribles calamités. L'année suivante, à quelques pas de la chapelle, coulait le sang le plus pur sous le fer de la guillotine, et il ne cessa de couler dans cette malheureuse cité pendant les longs mois de la Terreur (1). Cela ne doit pas nous surprendre, Arras avait perdu sa protectrice.

Cependant, les mayeurs de la confrérie s'étaient réservé tout le mobilier et les objets précieux qui étaient contenus

---

(1) Un jour il coula, sur la place du Théâtre, où se faisaient les exécutions, en si grande abondance, que le ruisseau de la rue Saint-Aubert en était rempli, à tel point qu'il fallait l'enjamber, pour ne pas mettre le pied dans le sang humain.

dans le monument. Mais la difficulté fut de trouver un local convenable pour les déposer. Ici nous abandonnons la plume pour la remettre à la main d'un homme fort au courant de tous les faits qui vont suivre : « C'est dans ces circonstances que les chefs de l'association eurent recours à Madame la douairière de la Vinelle, dont le mari et plusieurs de ses parents avaient été mayeurs de la confrérie. Cette dame voulut bien recevoir dans une maison qui lui appartenait, rue du Tripôt, tous les objets qui provenaient de la chapelle de la Petite-Place.

» Ce fait est constaté par une déclaration que la famille possède en original et dont voici le texte :

« La commission de la société laïque des Ardents sous-
» signée, nommée par sa délibération du 28 juin dernier,
» déclare et reconnaît, au besoin, au nom de ladite société,
» que c'est par pur bon office et pour autant qu'elle le ju-
» gera à propos, que Madame Watelet de la Vinelle veut
» bien prêter une des chambres de sa maison actuellement
» vacante, vis-à-vis la chapelle du Tripôt, pour y déposer
» provisoirement les effets de la chapelle et des bâtiments
» de la Petite-Place, dont le transport doit être effectué en
» conséquence de l'arrêté du corps municipal du deux de ce
» mois. — Fait et reconnu à Arras, le 6 juillet 1791. —
» Signé Desmazières. »

» Parmi les objets précieux qui furent apportés chez Madame Watelet de la Vinelle, se trouvait la custode de la sainte chandelle, contenant encore quelques morceaux de cire. On avait également déposé dans une cave de la maison voisine qui appartenait aussi à la famille Watelet, les marbres, sculptures et grilles qui ornaient l'autel de la chapelle démolie.

» Au moment de la terreur et lorsque tout ce qui rappelait un souvenir religieux pouvait compromettre gravement ceux qui en étaient détenteurs, le fils de Mme Watelet, ancien conseiller au conseil supérieur d'Artois, et qui fut depuis, maire d'Arras, comprit la nécessité de soustraire aux regards la précieuse custode qu'il tenait beaucoup à conserver. Il prit donc le parti de l'enterrer dans sa cave propre, elle y resta jusqu'au moment où certains esprits remuants commencèrent les visites domiciliaires qui furent l'occasion de tant d'inquiétudes et de tant de malheurs pour beaucoup d'habitants d'Arras.

» Il arriva un moment où l'autorité de cette époque fut mise en possession d'une petite custode (1) d'une forme à peu près semblable à celle qui existe encore aujourd'hui. Cette circonstance ayant été signalée au tribunal révolutionnaire, on se préoccupa de retrouver la grande custode. *Nous avons la fille,* disait-on alors, *il faut que nous retrouvions la mère.* Et, dès ce moment, le bruit se répandit en ville que le tribunal révolutionnaire allait prescrire des perquisitions générales et que l'on visiterait toutes les maisons des citoyens que l'on pouvait supposer savoir ce qu'était devenue la sainte Chandelle.

M. Watelet vit dans cette menace, qui s'était déjà réalisée tant de fois, une source de très-graves inquiétudes pour un grand nombre de ses concitoyens. Il jugea donc qu'il était de son devoir, de dévoiler l'existence du précieux objet. Afin d'atteindre ce but sans compromettre qui que ce soit et sans exposer sa propre tête, il enveloppa soigneusement de plusieurs linges la custode antique et la confia à l'un de ses serviteurs fidèles et dévoués (2), qui, conformément aux ordres de son maître, alla, pendant la nuit, jeter le paquet dans le puits qui se trouvait alors dans le cloître vers le haut de la rue des Chanoines (3).

D'autres personnes poussées par les mêmes motifs, avaient aussi jeté d'autres objets dans ce même puits, car le lendemain, le premier individu qui alla puiser de l'eau, ramena un encensoir qui s'était accroché à son seau. Ce fait, dénoncé à l'autorité, engagea à faire descendre dans le puits; on chargea de ce soin le nommé Lentillette, qui y trouva non-seulement la sainte chandelle, mais encore beaucoup d'autres pièces d'argenterie plus ou moins précieuses.

Cette découverte fit grand bruit en ville, et les perquisitions furent suspendues pendant un certain temps.

On ne sait trop comment cette custode fut respectée et

---

(1) Cette custode de cuivre fut donnée par Jean Sacquespée pour enfermer la custode d'argent.
(2) Alexis Vermesse, jardinier du château de Louez, commune de Duisans.
(3) Ce puits est maintenant remplacé par une pompe.

conservée après que la remise en eut été faite à l'autorité, mais ce qu'il y a de certain, c'est qu'après le rétablissement de l'ordre, quand l'exercice du culte fut autorisé, et lorsque M. Watelet fut nommé maire d'Arras, il retrouva la sainte chandelle entre les mains de M. Grimbert qui lui envoya en février 1803, comme chef de l'administration municipale, un projet de décharge conçu en ces termes :

« Nous, administrateurs de la fabrique de l'église paroissiale de Notre-Dame, à Arras, reconnaissons que Charles-François-Marie Grimbert nous a cejourd'hui mis en mains la châsse de la sainte chandelle d'Arras, à lui adjugée à la municipalité, le 12 messidor, an v, en vertu de l'arrêté du département du Pas-de-Calais, du 1er dudit mois de messidor, pris en conséquence de la lettre du ministre des finances du 28 prairial précédent, ensemble la cire qui se trouvait dans la châsse lors de son invention, pour être le tout porté dans ladite église cathédrale de Notre-Dame, du consentement de Mgr l'évêque, promettant de remettre le tout audit Grimbert, en cas que les choses viendraient à changer.

A Arras, 7 ventose, an xi (16 février 1803). »

M. Watelet, avant la remise de la custode entre les mains du clergé de la cathédrale (1), avait voulu rendre à une destination pieuse les autres objets qui lui avaient été confiés. En effet, sa famille possède une reconnaissance qui porte ce qui suit :

« Les administrateurs provisoires de la cathédrale d'Arras soussignés, reconnaissent que le citoyen Watelet a remis à ladite église, différentes parties de marbres, de grilles de fer, de boiseries et tapisseries provenant de la chapelle du Petit Marché, à Arras.

Le 4 frimaire, an xi de la république française (25 novembre 1802). »

Signé : Lallart, Linque, Braine. »

Ces divers objets composent encore aujourd'hui la décoration de la chapelle de la Sainte-Vierge dans l'église de Saint-Jean-Baptiste. Ils y furent placés en janvier et février

---

(1) Le clergé de la cathédrale était alors établi dans l'église de Saint-Nicolas qui fut mise au rétablissement du culte sous l'invocation de saint Jean-Baptiste.

1803 par les sieurs J.-B. Vauclin, menuisier, Louis Tierny, maçon, Bourgois, serrurier, et Lepage, sculpteur et marbrier.

Qu'il nous soit permis d'ajouter à ce récit un extrait du n° 184 du journal intitulé : *la Sentinelle du Nord*, 27e jour de germinal, l'an XI de la république, une et indivisible. Il confirme tout ce qui précède d'un ton très-léger. L'auteur était sans doute un esprit fort de l'époque.

ARRAS, 26 GERMINAL.

Un citoyen de la cité de cette ville allant tirer de l'eau à un puits, son seau y resta. Ce citoyen retourne chez lui prendre un chat, revient au puits pour en retirer son seau, mais quelle fut sa surprise de voir en sa place, un paquet bien lié, bien garrotté avec une toile cirée ; dans ce paquet, se trouva la petite sainte chandelle d'Arras, qui étant lasse de toujours brûler, s'est jetée dans l'eau. Cette fois-ci, elle n'est pas descendue du ciel, mais elle est remontée de la terre pour entrer au creuset et éclairer toute la république. (Page 4, à Arras, de l'imprimerie de la dame Varlé).

Citons maintenant un document tout à fait authentique et qui ne laisse aucun doute sur la vérité du fait, tel qu'il est raconté plus haut. C'est un arrêté du district d'Arras, en date du 22 prairial, an XI.

« Un membre remet sur le bureau un procès-verbal tenu le 26 germinal, par le citoyen Caubrières, administrateur du département du Pas-de-Calais, commissaire du représentant du peuple (Lebon), duquel il résulte que les citoyens Casimir Lefebvre et Jean-Philippe Legros, boulanger, demeurant à Arras, étant allés tirer de l'eau dans le puits du ci-devant cloître et retirer les seaux qui y étaient tombés, ils ont rencontré une espèce de pyramide en argent qu'ils croient destinée autrefois à renfermer ce qu'on appelait la sainte Chandelle. Ledit procès-verbal renvoyé par le représentant du peuple, Joseph Lebon, au district d'Arras, qui est chargé de prendre, si déjà n'est fait, ladite sainte chandelle, chez Galand, et d'en donner reçu. — L'assemblée, ouï l'agent national, arrête que le secrétaire du district se transportera chez le citoyen Galand, à effet d'en retirer ce qu'on appelait la sainte chandelle, qu'il en donnera récépissé et la déposera au bureau de sureté du district, où elle restera jusqu'à ce qu'il soit autrement ordonné. »

Dans sa séance du 14 nivose, le district prit encore un arrêté à l'effet de donner une récompense aux citoyens Lefebvre et Legros.

« Vu de nouveau la pétition des citoyens Lefebvre et Legros, demeurant à Arras, tendant à obtenir la récompense que la loi leur a accordée pour avoir trouvé dans le puits du ci-devant cloître du chapitre d'Arras, une caisse en argent qu'on appelait ci-devant la sainte chandelle.

» Le procès-verbal qui constate qu'elle a été déposée au département par les pétitionnaires.

» L'arrêté de l'administration qui charge le citoyen Scaillerez de prendre les mesures nécessaires pour faire peser et estimer par le citoyen Gorlier, orfèvre, en présence de deux membres du conseil général de la commune d'Arras, la caisse d'argent dont s'agit et qui se trouve déposée chez le citoyen Tresca, receveur du district, d'en tenir procès-verbal pour ensuite être déterminé par l'administration, l'étendue de la récompense réclamée.

» Ensemble le procès-verbal de pesée et d'estimation dudit administrateur Scaillerez, duquel il résulte que cette caisse pèse dix marcs, et a été estimée à raison de soixante livres le marc, ce qui porte une somme de six cents livres.

» Les administrateurs du district d'Arras, ouï l'agent national, sont d'avis qu'il y a lieu d'arrêter que, conformément à l'article second de la loi du 23 brumaire, 2e année, il sera accordé aux pétitionnaires le vingtième de six cents livres, estimation à laquelle a été portée la cy-devant sainte chandelle, et qu'en conséquence, il leur sera délivré sur la caisse des domaines nationaux, mandat de la somme de trente livres, vingtième partie de ladite somme de six cents livres. »

Nous ajouterons la déclaration suivante :

« Enfin, le 7 ventose, an XI de la république française, samedi 26 février 1803, M. Watelet, maire, et M. Linques, administrateur de la fabrique de Notre-Dame, se sont présentés chez le soussigné, dépositaire et acquéreur de la châsse de la sainte chandelle d'Arras, à l'effet de retirer de mes mains ladite châsse, ainsi que la cire de ladite chandelle, pour déposer le tout dans une niche près de la chapelle de la Vierge érigée dans ladite église, auxquels maire et Linques l'ai remis. Le tout à l'effet du dépôt à ladite église de Notre-Dame. Pourquoi le sieur Linques, en qualité d'administrateur, m'a promis la décharge ci-jointe (1) avec promesse de me remettre le tout à ma première volonté, en cas que les choses viendraient à changer.

Signé GRIMBERT. »

Pour ne rien omettre de ce qui concerne cette histoire, nous dirons que le 31 décembre 1806, les membres composant la confrérie de Notre-Dame-des-Ardents établie dans la ville d'Arras, savoir : Nicolas, dit Colin, mayeur de la confrérie, Lemaire, Michon père, Michon fils, Fidèle Grigny, Cresson père, Cresson fils, Romain Pamart, Joseph Vahé, Louis Dupont, Delaforge, Vahé, Hippolyte Deplanque, J.-B. Dupont, Damiens, Alexandre Deplanque, Charles Grigny, Dietz, Peluez-Rohart, Louis Montigny, fils, Montigny père, Membré, Chapron, Chamart, H. Martel, Legrand Nicolas, fils, Coche, J. Coche, Schmitt, Richebé, Vahé, tambour-major, François Poclet, Augustin Vahé, Lemire fils, Coclet, adressèrent à Mgr de la Tour-d'Auvergne, nouvel évêque d'Arras, une supplique pour réclamer le saint cierge appelé la sainte chandelle, qui se trouvait en dépôt à côté de la chapelle de la Vierge, à la cathédrale (Saint-Jean-Baptiste), et prier le prélat de rétablir le culte de cette relique, comme aussi de les autoriser à reprendre les anciens usages et offices de la confrérie, l'année suivante, le jeudi de la Fête-Dieu, à neuf heures du matin.

Le pontife renvoya la supplique à M. Rambure, curé de Saint-Nicolas, avec cette note en marge :

J'ai chargé cette confrérie de me prouver :

1° L'authenticité de ce cierge ;

2° L'identité de celui actuel avec celui du temps de l'évêque Lambert ;

3° De me certiorer de l'intérêt que la ville peut prendre à ce rétablissement.

---

(1) Cette décharge ne m'a été remise que le 15 messidor, an XI, signée du curé et des administrateurs.

Rien de tout cela ne m'a été prouvé, je renvoie le tout à l'examen de M. Rambure, curé d'Arras (sud).

Arras, 31 décembre 1806.

Signé : † Ch., évêque d'Arras.

A cette époque, tout étant à refaire, on allait au plus pressé; et puis les anciens préjugés subsistant encore dans toute leur force, cette pétition n'eut pas de suite. Ce ne fut que trente ans plus tard que la lumière se fit et que la dévotion à Notre-Dame-des-Ardents commença à reprendre sur les cœurs son légitime empire. Depuis lors, des hommes studieux se sont mis à l'œuvre et ont fait sur l'histoire de la sainte chandelle, des recherches vraiment dignes de la reconnaissance du public.

Nous signalerons d'abord M. le comte d'Héricourt et M. l'abbé Parenty, vicaire-général, qui, dans leurs écrits, ont toujours parlé avec respect de tout ce qui regarde le saint cierge. Après eux parurent M. Auguste Terninck et M. Ch. de Linas. Ils ont fait imprimer sur le même sujet, chacun un travail du plus grand intérêt (1). C'est à leurs savantes publications qu'il faut attribuer le retour des esprits à des idées plus justes sur le culte de Notre-Dame-des-Ardents, qui fut, pendant près de 700 ans, la dévotion singulière du pays.

Enfin, les dames Ursulines d'Arras, si honorées des familles chrétiennes pour les services qu'elles rendent à la jeunesse, font reconstruire en ce moment, la belle pyramide

---

(1) Tous les ouvrages qui suivent dans lesquels ce sujet a été traité, ont été imprimés chez M. Alphonse Brissy, éditeur, imprimeur de l'évêché :

Dictionnaire historique des Rues d'Arras, par MM. A. d'Héricourt et A. Godin, 2 vol. in-8º broché, 10 fr.

Histoire légendaire de la sainte Chandelle d'Arras, par M. A. Terninck, in-4º, broché, avec planches, 3 fr.

Appendice à l'Histoire du Cierge d'Arras, par le même auteur, in-4º, broché, 1 fr. 50.

La Confrérie de Notre-Dame des Ardents, par M. Ch. de Linas (tiré à 30 exemplaires), in-4º, broché, avec grand nombre de planches, 25 fr.

Sous presse, *Histoire de Notre-Dame du Joyel ou la sainte Chandelle d'Arras*, par M. l'abbé E. Van Drival, chanoine, directeur au grand Séminaire d'Arras, in-18, broché.

de la sainte chandelle, sur les plans de M. Grigny, architecte de l'église du Saint-Sacrement. C'est un titre de plus qu'elles vont acquérir à la reconnaissance du pays et à la protection de Dieu et de sa sainte Mère.

A l'occasion de la procession solennelle qui eut lieu le 15 juillet 1860, Mgr Parisis fit placer dans le reliquaire restauré de la sainte chandelle, un nouveau cierge, au bas duquel on inséra une notable parcelle de l'ancien. On la recouvrit d'une bande en parchemin, scellée aux armes de Mgr l'évêque, et portant cette suscription : *Sanctus cereus Atrebatensis.*

Cette relique fut placée dans un clocheton gothique, imitant le sommet de la pyramide qu'on voyait sur la Petite Place d'Arras. Cet objet d'art, étincelant d'or et de riches broderies, avait été décoré dans le monastère des Ursulines et fut porté par les élèves de cet établissement.

LISTE DES MAYEURS

DE

LA CONFRÉRIE DE NOTRE-DAME DES ARDENTS.

1106 Ithier Brabançon.
1107 Pierre Normand de St-Pol
1108 Lambert, cardinal-évêque d'Arras.
1109 Robert, atrebat. chan. archid., évêque d'Arras. C'est de son temps que fut fondé l'hôpital de la confrérie près le Pont-Saint-Vaast.
1110 Erkembald, abbé commendataire de Saint-Vaast.
1111 Walter, chan. d'Arras.
1112 Nicolas Augrenon, chevalier, s^r de Bailleul et Immercourt.
1113 Jean d'Ocoche, bailli d'Arras.
1114 Philippe d'Acheville, échevin d'Arras.
1115 Jean de Wancourt, s^r de Wancourt.
» Les noms des mayeurs manquent jusqu'en 1194.

1194 Philippe Despretz.
1195 Walter Despretz.
1196 Herman Lemaire.
1197 Aubert Le Sergeant.
1250 Adam Le Sauvage.
1287 Bauduin Wion.
1288 Robert de la Chapelle.
1296 Jean Le Kittre.
1300 Bartholomé Le Dis.
1301 Pierre de Neufville.
1305 Jean de Sailly.
1306 Etienne de Fontaine.
1338 Guillaume de Blairy.
1339 Nicolas Augrenon.
1350 Adam Le Sauvage.
1355 Guillaume Leborgne.
1364 Simon Sacquespée.
1383 Jean Mehaut, dit Dauchel
1394 André de Monchy.
1395 Jean Cossel.
1398 Mathieu Hazequin, dit Desmailles.
1399 Vincent Wallon.
1400 André Sacquespée. C'est de lui que descend Jean

Sacquespée, fondateur de la chapelle sur le Petit Marché, avec une messe quotidienne.
1401 Jean de Paris.
1406 Jean de Baudart, dit Leborgne.
1410 Jacques Crespin.
1411 Guillaume Lefevre.
1412 Jean de Paris le Josne, *junior*.
1413 Jean Hauwel, dit Agneaux
1414 Jean Belot.
1416 Jacques Demonchy.
1417 André de Ranssart.
1420 Jacques Wallois.
1421 Jean de Wailly.
1422 Martin Mazingue.
1423 Michel Boursin.
1424 Jean Hernier.
1425 Jean de Gauchin.
1426 Agnian Lefebvre.
1428 Nicolas Lantier.
1429 Jacques Severondel.
1430 Florent de Latre.
1431 Bauduin de Bailleul.
1432 Martin Legrand, dit Pillon
1433 Jacques Wallois.
1439 Jean Caulier.
1440 Nicolas Leborgne.
1442 Guillaume Lefevre *junior*
1443 Martin Lebrun, dit Hollandre.
1444 Jean Danel.
1445 Jacques Leborgne, obiit 1461.
1446 Robert Lefevre.
1447 Guillaume Auvaissel.
1448 Thomas Le Roy.
1449 Robert Hasnon.
1450 Jean Longuebraye.
1451 Jean Théry.
1452 Jean Thibaut.
1453 Pierre Garel.
1454 Mathieu de Beaumont.
1455 Jean Doude.
1456 Jean Bracquet.
1457 Simon Agnehel.
1458 Jean Rondel.
1459 Jean de Paris (armiger)
1460 Jean Le Roux.
1461 Pierre Le Cochon, dit Jean.
1462 Jean de Seudepré.
1463 Pierre de Montbertau.
1465 Robert de Wailly.
1468 Jean de Beaumont.
1469 Hugues, dit Baudin, s^r de Lyramont.
1473 Jacques de Souchez.
1474 Robert Clément.
1476 Robert de la Tirnaude.
1477 Hugues Lejosne.
La ville fut prise par Louis XI.
1478 Laurent Dauchel.
1479 Nicolas de Villers.
1482 Jacques Danczin.
1483 Jean Le Gay.
1484 Jean Grenet.
1486 Enguerrant Le Gillard.
1487 Vincent de Reux.
1488 Jean de Paris.
1489 Jean Boucaut.
1490 Pierre de La Comté.
1492 Regnauld Thiré.
La ville fut rendue à Maximilien, archiduc.
1495 Martin de Le Val.
1496 Robert Duranne.
1498 Nicolas Robillard.
1500 Me Jean Caulier, présid^t.
1501 Philippe Delafosse.
1502 Jean Perlois.
1504 Michel Herlin.
1506 Philippe Bauduin.
1508 Jean Dassonleville.
1511 Pierre Le Natier.
1514 Jean de Bincourt.
1515 Thomas Le Bourgeois.
1516 Martin de Le Gove.
1517 David Blondel.

1519 Marc Charles.
1520 Bertrand de Latre.
1521 Antoine Du Fresnoy.
1523 Laurent Carbonel.
1525 Jean Bertau.
1527 Robert Duranne.
1528 Jean Lepetit.
1529 Jean Vignon.
1530 Gille de Wazière.
1531 Wallery Lefort.
1532 Me Simon Conseillar.
1533 Jean Widebien.
1534 Jean Robillart.
1535 Charles de Vichery.
1536 Maître Jean de Beaussart.
1537 Pierre Hazelle.
1538 Philippe Gosson, sr de Halloy.
1539 Jacques Descouleurs.
1540 Jacques Vignon.
1541 François Bertoul.
1542 Jean Bassée.
1543 Eloy Gontier.
1544 Regnault Bultel.
1545 Philippe Lesueur.
1546 Jean Pronier.
1547 Simon Carbonnel.
1548 Me Jean Herlin.
1549 Antoine de Chelers.
1550 Mathieu Lefranc.
1551 Pierre Vignon.
1552 Me Antoine de Vichery.
1554 Garin Pronier.
1555 Alard Delannoy.
1556 Martin Lefort.
1557 Jean Pinchon.
1558 Géry de Santers.
1559 Nicolas Ousson.
1560 Guillaume Levasseur, sr du Valhuon.
1561 Guillaume Fouquier, lic. ès-lois, av. au conseil d'Artois.
1562 Nic^{las} Bourgeois, drapier.
1564 Me Jessé Grenier, homme de loi.
1565 Me Jean Coulard, curé de St-Géry.
1566 Julien Palette, procureur
1567 Jean Prévost.
1568 Nicolas Pronier, sr de Simencourt.
1569 Jean Daix, marchand.
1570 François Lombart, hostellain de la Vignette.
1571 Jean de Lattre.
1572 Antoine de Canlers.
1573 Pierre Boucquel, procureur au cons. d'Artois.
1574 Claude Boucault, m^d de draps.
1575 Allard de Lannoy, m^d de soie, mort en 1615.
1576 Thomas de Douai, m^d de vin.
1577 Nicolas Le Bourgeois, m^d de draps.
1578 Gille Haudoir, m^d brasseur.
1579 Jean Couppé, dit Joannes, m^d de laine.
1580 Martin Monvoisin, m^d de vin.
1581 Me Philippe de Leval, procureur de la ville.
1582 Me Pasques Gosson, avoc^t.
1583 Jean Théry, marchand.
1584 Jean de Douai, m^d de vin.
1585 Foursy Despretz, receveur général d'Artois.
1586 Adam Barbe.
1587 Robert Enlart.
1588 Robert Lemaire.
1589 Gentien d'Aix, décédé le 12 mai 1624.
1590 Bernard Cauwet, échevin
1591 François Bourgeois.
1592 Me Jean Le Ricque, avoc^t.
1593 Enguerrand Guérard.
1594 Me Géry Coulart, pasteur de St-Géry.
1595 Pierre Lombart, m^d.

1596 Frédéric de Vichery.
1597 Jean Bourgeois.
1598 Me Jacqs Lemaire, avoct.
1599 Charles Foucquier, md de vin.
1600 Martin Bourgeois, md de vin.
1601 Jean Haudouart, md brasseur.
1602 Me Charles Widebien, avocat conseiller des archiducs, receveur général des aides d'Artois.
1603 Antoine Lemerchier.
1604 Me Flouris de Belvalet, écuyer, avocat.
1605 Christophe Paris, md.
1606 Me Claude Despretz, écuyer, avocat.
1607 Me Philippe Tieulaine, écuyer, sr de Graincourt, avocat.
1608 Me Isaac Parent, natif d'Houdain, chapelain de la confrérie.
1609 Nicolas Le Bourgeois.
1610 Adrien Deslions, bailli général des dames de la Thieuloye.
1611 François de Forcheville, receveur de la confrérie.
1612 Jean Gallot, procureur.
1613 Sire Martin Pecqueur, prêtre, chap. de N.-D.
1614 Adrien de Vérité, procureur au conseil d'Artois.
1615 Me Jean Daix, avocat.
1616 Samuel Morguet, recevr.
1617 Robert Gallot, receveur.
1618 Me Alexdre Lemerchier, avocat.
1619 Me Germain Lemaire, écuyer, avocat.
1620 Me Pierre Deslions, avoct.
1621 Me Laurent de Monstreul, licencié ès-lois, sr de Merlimont.
1622 Me Louis de Tieulaine, bailli général du comté de
1623 Jean Fouquier, bourgeois, md.
1624 Me Antoine de Warlincourt, bachel. en droit.
1625 Jean Lombart, sr de Wandelicourt.
1626 Me Antoine de Douay, sr de Courcamp, avocat.
1627 Me Augustin Barbet, sr de Watinnes.
1628 Pierre Le Cambier, md.
1629 Thurion Lefevre, dit d'Aubrometz.
1630 Jean Foucquier (Lejosne) md de draps.
1631 Me Thomas Bassée, sr d'Esquire.
1632 François Boucquel, md.
1633 Nicolas de Fremicourt, md de vin.
1634 Philippe de Le Rue, md tanneur.
1635 Me Foursy Hecquin, avoct
1636 Antne Chasse, md de vin.
1637 Robert Haudouart, bourgeois.
1638 Me Jean de Crespieul.
1639 Me Philippe de Milly, chapelain de la confrérie.
1640 Adrien Daix.
La ville assiégée le 13 juin, réduite le 6 août.
1641 Le même.
1642 Me Antne Deslions, avoct au conseil d'Artois, en exercice jusqu'en 1644.
1645 Arthur Henions, maître de la monnaie.
1646 Isaac Bullart, grand bailli de St-Vaast et intendant du mont-de-piété.
1647 Pierre Chasse, md.

1648 Me Ch^les Deslions, avoc^t.
1649 Léonor Deslions, licencié en droit, affligé de la peste, s'est voué à la Vierge.
1650 Jean Courcol, licencié en droit. Sa veuve a donné à la chapelle, un ornement blanc en broderie.
1651 David Noël, m^d.
1652 Point de mayeur.
1653 Robert de Milly, prêtre de St-Géry.
1654 Pierre Chasse le j^ne, m^d.
1655 Jean Foucquier, m^d, *au Soleil d'Or*.
1656 Louis de Valicourt, prévost, maréchal d'Artois, secrétaire de M. le comte de Mondicourt, gouverneur des ville et cité d'Arras.
1657 Jean-Adrien Mullet, avoc^t au conseil d'Artois, échevin d'Arras.
1658 Me Jacques Hapiot ou Chaprot, avocat et argentier de la ville d'Arras.
1659 Pierre Delebecque, s^r de Merlimont, greffier du conseil d'Artois.
1660 Jean Noël, m^d.
1661 Jean-François Piot, m^d.
1662 Hector Bacler, greffier de la ville.
1663 Nicolas de Douai, avocat au conseil d'Artois, échevin d'Arras.
1664 Sébastien de Chelers, s^r d'Offin.
1665 Albert Foucquier, échevin d'Arras.
1666 Mc Christophe de Beaurains, avocat au conseil d'Artois, et ensuite conseiller.
1667 Pierre Gaillart, avocat au conseil d'Artois, échevin d'Arras.
1668 Franç^s Defontaines, avoc^t conseiller de la ville.
1669 François Boucquel, échevin d'Arras.
1670 Me Jean de Laire, échevin d'Arras.
1671 Jean-Baptiste Boucquel.
1672 Guillaume Postel, m^d de vin, échevin d'Arras.
1673 François Joffroy, capitaine d'Avesnes-le-Comte et receveur des domaines du roi.
1674 Guillaume Routard, m^d de vin, échevin d'Arras.
1675 Me Guillaume-François Rouvroy, avocat au conseil d'Artois.
1676 Point de nomination.
1677 Martin du Sart ou du Sains.
1678 Philippe-Alex^is Foucquier
1679 Pierre Ansart, m^d de vin, échevin.
1680 François-Dominique Le Caron, écuyer, s^r de Canettemont.
1681 Me Antoine de Fontaines, échevin, s^r de St-Martin, avoc^t au conseil d'Artois.
1682 Me Jacques-Franç^s Prévost, avocat au parlement, échevin d'Arras.
1683 Jean Noël, m^d.
1685 Adrien Enlart, rentier.
1687 Me Louis-Adrien Baudelet, avocat.
1689 Me Pierre Baillard, s^r de Courcelles, avocat greffier des états d'Artois.
1690 Guillaume Mathon, procureur fiscal des états d'Artois.

- 1691 Me Nicolas-Franç⁵ Boucquel, sr de Cherisy et autres lieux, avocat.
- 1692 Maximilien Chasse.
- 1693 Me Jean Foucquier, avoct
- 1695 Ignace Payer, rentier.
- 1696 Me   de Ronville, avocat, procureur général de la ville d'Arras.
- 1697 Gilles Doby, procureur au conseil d'Artois.
- 1698 Me Jacques-François de St-Pol, avocat, échevin d'Arras.
- 1700 Me Brogniart, licencié en médecine.
- 1701 Jacques de la Charité.
- 1702 Me Le Gentil, avocat au conseil d'Artois.
- 1703 Me Dambrine, conseiller au conseil d'Artois.
- 1704 M. Volant de Berville, marquis de Lysbourg.
- 1705 M. Pierre Galbar, conseiller au cons. d'Artois.
- 1706 M. Cuvelier, rentier.
- 1707 M. Antoine Viart, argentier de la ville.
- 1708 M. Louis du Pasquier, intendant du mont-de-piété.
- 1709 M. Pierre Morant, procureur gén. de la ville.
- 1710 M. Herman, avocat au conseil d'Artois et substitut de M. l'avocat gén.
- 1720 M. Jérome-Noël Rose, rentier.
- 1721 M. Etienne-François Bacler, greffier du magistrat
- 1723 M. Chles-Philippe Quarré, chevalier, sr de Boiry.
- Me Jean-Franç⁵ Decroix, sr de Blingel, avocat au parlement. Mort sans avoir exercé.
- Me Jean-Alb. Foucquier, avoct au conseil d'Artois, n'a fait aucun exercice de sa charge.
- 1724 Me François-Albert de St-Pol, avocat au conseil d'Artois.
- 1725 Me Gilles Bosquet, avoct au conseil d'Artois.
- 1726 Messire Guislain-Joseph Quarré, chevalier, sr du Repaire, etc.
- 1727 Louis-Joseph de Bailleul, rentier.
- 1728 Pierre-Léonor Lefrançois, écuyer, sr du Fetel.
- 1729 M. Luc-François-Bertin Poitart, sr de Ficheux.
- 1730 Louis Le Prevost, écuyer, sr de Franlieu.
- 1732 M. René-Louis Watelet.
- 1733 Louis-Dom. Le Caron, écuyer, sr du Rollois.
- 1734 M. Boucquel de Sarton.
- 1741 M. Payen de l'Hôtel.
- 1742 M. Dubois de Duisans.
- 1743 M. Herman.
- 1744 M. Watelet de la Vinelle.
- 1745 M. Cauwet.
- 1746 Le curé de St-Géry.
- 1747 M. de Marconne, grand bailli d'Arras.
- 1749 M. de Ligny.
- 1750 M. du Hamel de Grand-Rullecourt.
- 1770 M. Dubois de Duisans.
- 1771 M. Herman.
- 1772 M. Herman.

APPENDICE.

CIERGES PROVENANT DE LA SAINTE CHANDELLE

D'ARRAS.

LILLE (ancien diocèse de Tournay, actuellement de Cambrai). Lambert, évêque d'Arras, ayant été chantre de la collégiale de Saint-Pierre, envoya aux habitants de cette ville quelques gouttes de la sainte chandelle, peu de jours après son avènement. On en fit un cierge qu'on appela la Chandelle miraculeuse du Joyau. On le déposa d'abord dans une chapelle près de l'église Saint-Etienne, où l'on érigea une confrérie que le pape Clément VI, en 1348, appelait déjà ancienne. Il donne au saint cierge les noms les plus emphatiques; « c'est, dit-il, la *chandelle des vertus;* » et il accorde des indulgences aux fidèles qui font partie de la confrérie. D'autres papes ont suivi son exemple. Innocent VI, en 1353, et Paul V, en 1617, l'ont enrichie de nouvelles faveurs. Les évêques diocésains lui donnèrent également des marques de leur singulière protection en la gratifiant des indulgences de leur siége.

Le clergé de Saint-Etienne accompagnait le saint cierge

quand on le portait en procession à la collégiale de Saint-Pierre, où on le déposait, pendant quelque temps, sur l'autel de Notre-Dame de la Treille.

Le 30 juillet 1651, les magistrats trouvant que la chapelle dans laquelle se conservait ce gage de la bonté de Marie, était trop près de l'hôtel-de-ville, en ordonnèrent la démolition du consentement de Maximilien, de Gand, à Vilain, Evêque de Tournai, et firent transporter la sainte chandelle dans la chapelle de Notre-Dame de Lorette.

On en célébrait la fête le second dimanche après celle du Saint-Sacrement.

Desvres (ancien diocèse de Boulogne, actuellement d'Arras) Le cierge miraculeux que l'on y gardait fut donné par Lambert lui-même à Eustache III, comte de Boulogne et de Lens, et frère de Godefroi de Bouillon, roi de Jérusalem. Comme la maladie des ardents exerçait aussi ses ravages dans le Boulonnais, Eustache ayant entendu parler des guérisons merveilleuses opérées par l'eau de la sainte chandelle d'Arras, vint trouver Lambert, son parent, pour lui demander une part du trésor céleste que lui avait apporté la Mère de miséricorde. Le pontife lui donna des gouttes du saint cierge mêlées avec de l'eau contenue dans un baril de cuivre que le comte fit transporter sur un carrosse. « Le cortége étant arrivé à Desvres, dit une chronique, les chevaux ne voulurent plus avancer, quelque violence qu'on leur fit. Force fut de s'y arrêter. De là on porta dans tout le Boulonnais de l'eau bénite par le saint cierge pour l'usage des malades du *feu ardent*, qui tous recouvrèrent la santé. Du reste de la cire que l'on trouva dans le baril de cuivre, on forma un cierge qui fut en grande vénération dans tout le pays. Bientôt on y établit une confrérie qui célébrait sa fête le mardi après le dimanche dans l'octave de saint Jean-Baptiste. L'affluence des pèlerins y était si considérable, qu'en certaines années, dix-huit prêtres suffisaient à peine pour satisfaire leurs dévotions. Une pâture de six mesures fut mise à la disposition des étrangers, qui y venaient de toutes les contrées, pour faire paître et reposer leurs chevaux.

Ruisseauville (abbaye d'hommes de l'ancien diocèse de Boulogne, actuellement d'Arras). Le cierge conservé dans cette abbaye fut donné par l'évêque Lambert, à Lambert, abbé de ce monastère. On le forma de quelques gouttes de la sainte chandelle d'Arras mêlées avec d'autres cires. On l'allumait chaque année, le dimanche dans l'octave de la Nativité de la sainte Vierge, et l'abbé le portait processionnellement dans la chapelle de Notre-Dame du Joyel, qui se trouvait dans le village. Tout a été démoli à l'époque de la Terreur.

BLENDECQUES (abbaye de filles dans l'ancien diocèse de Saint-Omer, aujourd'hui d'Arras). On honorait dans l'église de ce monastère deux cierges provenant d'un pain de cire dans lequel se trouvaient quelques gouttes de celui d'Arras, envoyées par l'évêque Lambert à l'une de ses nièces qui habitait cette maison avant son érection en monastère. On n'allumait que le second sur l'autel de Notre-Dame du Joyel. On en célébrait la fête le jour de la Visitation de la sainte Vierge, au milieu d'un concours nombreux de fidèles. L'église paroissiale de Blendecques possède encore un tableau qui représente l'avènement du saint cierge.

FLEURBAIX (au pays de Lalleu, diocèse d'Arras). On croit que le saint cierge honoré à Fleurbaix venait de celui d'Arras, et que l'évêque Lambert lui-même aurait donné les gouttes de cire dont il fut formé. Alexandre VII et Clément X ont gratifié de plusieurs indulgences la confrérie qui y était établie et dont la fête se célébrait le jour de l'Assomption.

LES PETITS-ARDENTS (en la ville d'Arras). Une fille de Madame de Ghistel, gouvernante d'Arras en 1226, souffrant d'une maladie fâcheuse, demanda que l'on fît distiller des gouttes de la sainte chandelle dans une fiole d'eau dont elle but par dévotion pour obtenir sa guérison. Sa foi fut récompensée; elle recouvra la santé. Puis on trouva au fond du vase un reste de cire dont on forma un cierge qui fut déposé dans la chapelle de Notre-Dame, au jardin des drapiers, situé rue des Lombards, actuellement des Chariottes. Une confrérie y fut établie sous le titre de *Petits-Ardents*, par comparaison avec celle établie sur la Petite-Place, qu'on appelait les *Grands-Ardents*. La confrérie des Petits-Ardents célébrait sa fête le dimanche dans l'octave de saint Jean-Baptiste; ce jour là, elle venait à Notre-Dame faire hommage, au chapitre, d'une roue de bougies de cire.

La chapelle, rebâtie en 1673, portait au-dessus de son portail ce chronogramme :

LuX vIrgInIs CereuM aDauXit.

Elle fut vendue et démolie comme tous les autres monuments religieux de la ville d'Arras, en 1793.

Groningue (abbaye de filles à Courtrai, diocèse de Tournai). On y conservait quelques gouttes de la sainte chandelle dans une pomme d'or, avec un cierge qu'on allumait le jour de Pentecôte. Ces gouttes de cire furent données par un évêque d'Arras, à Béatrice, fille de Henri de Brabant, veuve de Guillaume de Dampierre, comte de Flandre, à son retour de Rome en 1285. Elle en fit plusieurs cierges pour sa propre dévotion. Christophorine de Brabançon, religieuse de Beaupré, ordre de Citeaux, devenue abbesse de Groningue, fut assez heureuse pour obtenir l'un de ces cierges qu'elle emporta dans son abbaye, où il était en singulière vénération. On conserve à Courtrai non-seulement un tableau sur bois de la sainte chandelle, mais le cierge lui-même; il a environ 0^m 33 de hauteur; un large galon d'argent contourné en spirale le garantit de tout contact profane. (M. Ch. de Linas, p. 67.)

Bruges (en Flandre). Au siège de Béthune, en 1346, les habitants de Fleurbaix furent tellement effrayés des désastres qui menaçaient le pays, qu'ils transportèrent à Lille le saint cierge honoré dans leur église. Lorsque le calme fut rétabli, on en fit la relation. Mais le dépositaire Jean de Vaucois en avait détaché quelques fragments avec lesquels on forma le cierge de Bruges. Une confrérie s'y établit aussitôt pour veiller à la garde de cette précieuse relique dont un livret imprimé en flamand, à Bruges, en 1672, raconte les merveilles. On célébrait la fête un dimanche du mois d'août.

Oblinghem (près Béthune, du diocèse d'Arras). Cette paroisse possédait depuis longtemps un saint cierge qui, vraisemblablement provenait de la sainte chandelle d'Arras. On croit qu'il fut enlevé par les hérétiques ou qu'il disparut pendant les malheurs de la guerre. Mais, vers 1720, le curé d'Oblinghem, M. Bardou, voulant réparer cette perte, obtint quelques gouttes de la sainte chandelle d'Arras avec lesquelles il fit faire un nouveau cierge. La paroisse d'Oblinghem était dédiée à Notre-Dame du Joyel, dont elle célébrait la solennité le 2º dimanche après la Nativité de la sainte Vierge. La statue de Notre-Dame, placée au-dessus de l'arcade qui séparait le chœur de la nef, était remarquable par les nombreux ex votos, en bois, en cire, en argent, qui l'entouraient, parmi lesquels étaient appendues deux béquilles laissées, en 1680, par une femme de Lillers, privée depuis longtemps de l'usage de sa jambe. Elle avait obtenu sa guérison au pied de l'autel de Marie.

AIRE (diocèse d'Arras, autrefois de Saint-Omer). On honorait, dans la chapelle de l'hôtel-de-ville d'Aire, un cierge qui y était déposé depuis le 1ᵉʳ mars de l'année 1481. Une confrérie instituée pour veiller à sa conservation, avait obtenu des indulgences d'Innocent X et de Christophe de France, évêque de Saint-Omer. Elle célébrait sa fête le jour de la Visitation.

PECQUENCOURT (paroisse du diocèse d'Arras, actuellement de Cambrai, située près de l'abbaye d'Anchin). Un nommé Chevard, ayant enlevé des gouttes de cire de la sainte chandelle, prit la fuite du côté d'Hesdin. Poursuivi par ses remords, il avoua sa faute au prieur de Saint-Georges, et lui remit l'objet volé. Ce prieur, religieux de l'abbaye d'Anchin, le conserva précieusement. Mais Jean de Gourgeçon, son successeur, l'apporta à la maison mère et en fit un cierge. L'an 1308, Jean Baillet, abbé d'Anchin, le déposa dans une chapelle qu'il fit bâtir sur la place de Pecquencourt. Elle fut rebâtie et agrandie par Jean de Meer, grand prieur, puis abbé en 1609. Tout a été détruit à l'époque de la Terreur.

SAINTE-CATHERINE DE DOUAI (du diocèse de Cambrai, anciennement du diocèse d'Arras, couvent de filles de l'ordre de Saint-Dominique). Le 4 avril de l'an 1644, Jean Despiers, grand prieur d'Anchin, fit don à ce monastère de plusieurs gouttes de cire du cierge de Pecquencourt, dont les religieuses formèrent celui qui était honoré dans leur église. Le 22 du même mois, les vicaires capitulaires du diocèse d'Arras, le siége vacant, en reconnurent l'authenticité.

Hôtel-de-Ville de Douai. On conservait dans la chapelle, établie au second étage, un cierge qui tirait immédiatement son origine de la sainte chandelle d'Arras. Les échevins de Douai y attachaient un grand prix. « L'estime qu'ils en firent, dit un pieux auteur, les porta à le mettre et conserver richement dans une chapelle haute de leur hôtel-de-ville, pour en être toujours, eux-mêmes, conservés dans leurs personnes, éclairés dans leurs arrêts de justice, et consolés dans les accidents de cette vie, qui sont souvent fâcheux et importuns aux magistrats. » (Père Fatou.)

Fauquembergue (ancien diocèse de Boulogne, actuellement d'Arras). Cette ville possédait aussi un saint cierge qui était confié à la garde des chanoines et des échevins. Il était également l'objet d'un pèlerinage très-fréquenté.

Thiennes (paroisse près d'Aire, de l'ancien diocèse de Saint-Omer, aujourd'hui de Cambrai). La tradition rapporte que ce sont les mayeurs de Notre-Dame des Ardents de la ville d'Arras qui donnèrent des gouttes de la sainte chandelle pour former le cierge de Thiennes. Ce cierge, confié à une confrérie, appartenait au seigneur du lieu.

OEuf (paroisse de l'ancien diocèse de Boulogne et maintenant d'Arras). Le saint cierge qui y était honoré provenait de la sainte chandelle d'Arras. Il était renfermé dans une custode d'argent. On en célébrait la fête le second dimanche d'avril, au milieu d'un grand concours de pèlerins, avec indulgence accordée, l'an 1676, par François de Perrochel, évêque de Boulogne.

Moncheaux (annexe de Mont, près Saint-Pol, du diocèse d'Arras, autrefois du diocèse de Boulogne). L'église de Moncheaux possédait depuis longues années un cierge qui était l'objet de la vénération publique et que les peuples regardaient comme un gage de la miséricorde de Marie.
Dans les guerres qui désolèrent l'Artois vers le milieu du

dix-septième siècle (1636), on le transporta à Hesdin et on le confia à la garde de Charles Damiens, seigneur de Moncheaux, qui commandait la ville en qualité de plus ancien capitaine du comte de Bucquoy. Dès que cet officier crut que tout danger avait disparu, il le fit remettre en son lieu et place (1648). Mais, deux ans après, un parti de soldats ennemis enleva le saint cierge. Le curé de Moncheaux voulant réparer cette perte, vint à Arras, en 1653, demander aux mayeurs de la sainte chandelle quelques gouttes de cette cire miraculeuse. On fit droit à sa requête et il emporta ce précieux trésor dont on forma un nouveau cierge, qui devint, comme le précédent, l'objet d'une grande dévotion. Le 4 mars 1634, Innocent X accorda des indulgences aux fifièles qui venaient l'honorer le jour de l'Ascension, fête principale de la confrérie.

WAMBERCOURT (annexe de Fressin, de l'ancien diocèse de Boulogne, aujourd'hui d'Arras). La maison de Créquy, à qui appartenait cette terre, ayant obtenu quelques gouttes de la sainte chandelle d'Arras, en fit un cierge qu'elle déposa dans une chapelle bâtie tout exprès pour le culte de ce précieux trésor. On en célébrait la fête le dimanche avant la Saint-Jean.

SENINGHEM (du diocèse d'Arras, autrefois du diocèse de Boulogne). Une tradition constante nous apprend que le saint cierge honoré à Seninghem y fut apporté d'Arras au quinzième siècle (1438) par le comte de Porcean, duc de Croy, seigneur du lieu. On le conservait dans une châsse d'argent qui, plus tard, fut richement décorée par les soins du comte de la Tour de Saint-Quentin, seigneur de Seninghem, en 1745. Une chapelle, située au milieu de la paroisse, lui était spécialement affectée, et c'est là que Marie avait, en quelque sorte, établi le siège de ses bonnes grâces. On y célébrait, chaque année, une neuvaine qui commençait le jour de la Pentecôte et finissait le lendemain de la Trinité. Le lundi, on allumait le saint cierge pour bénir l'eau que l'on distribuait aux pèlerins dont le concours était considérable ce jour-là principalement, et pendant toute la neuvaine. « Ils arrivaient, dit une notice du siècle dernier, de toutes les directions : de Montreuil, de Boulogne, de Calais, Dunkerque, Graveline, Ardres, Saint-Omer, et de tous les villages circonvoisins. Une confrérie nommée, comme celle d'Arras, la Confrérie des Ardents, veillait à la garde de ce trésor et présidait aux solennités instituées en l'honneur de la sainte Vierge.

La chapelle primitive, bâtie au xve siècle, fit place à une plus grande construite, en 1604, sur l'emplacement appelé le Marché. Elle existe encore ; c'est peut-être le seul sanctuaire élevé en l'honneur de Notre-Dame des Ardents, qui ait survécu à nos désastres. C'est donc là que s'est conservé en quelque sorte le feu sacré de la dévotion à Notre-Dame des Ardents. Elle a 13 mètres de longueur, 5 mètres 50 centimètres de largeur et 8 de hauteur.

La sainte chandelle de Seninghem demeura sur l'autel de la chapelle jusqu'en 1792, époque où ce sanctuaire fut dévasté par deux hommes dont on n'a pas encore oublié les noms, qui s'emparèrent des ex votos et de la châsse d'argent.

Le saint cierge fut emporté à Saint-Omer, où il fut détruit avec d'autres objets précieux.

M. Hochart, curé de la paroisse depuis le Concordat, ayant entendu dire qu'on avait retrouvé dans la custode de la sainte chandelle d'Arras, un morceau de cire du cierge miraculeux, fut assez heureux pour en obtenir un fragment par l'entremise de M. Coyecques, grand doyen de Notre-Dame, à Saint-Omer. Il en forma avec d'autre cire un cierge nouveau, qui est aujourd'hui l'objet de la plus grande vénération. On le conserve dans un étui de cuivre argenté qu'on expose publiquement aux fêtes de la Pentecôte et de l'Assomption.

Un livret imprimé en 1789 mentionne, entre autres faits miraculeux, la guérison d'un jeune homme de la ville d'Aire, en 1679.

Cet infortuné, violemment attaqué de la pierre, après avoir inutilement mis en œuvre les remèdes humains, eut recours à Notre-Dame des Ardents, et dans le moment même il jeta trois pierres que l'on enchassa dans un cœur d'argent. Deux religieux franciscains du couvent d'Aire vinrent les déposer dans la chapelle, en actions de grâce de la part de celui qui en avait été délivré.

Depuis le rétablissement du culte, la dévotion envers la sainte Vierge ne s'est point ralentie à Seninghem. Les habitants de cette paroisse ont toujours beaucoup de dévotion en leur puissante protectrice et en obtiennent les faveurs les plus signalées. Le 15 juillet 1844, M. l'abbé Duriez, grand doyen de Notre-Dame, à Saint-Omer, envoya à l'évêché une relation authentique sur la guérison instantanée de Céleste Lefebvre, atteinte depuis longtemps d'une maladie déclarée incurable par les hommes de l'art ; mais l'autorité ne s'est point prononcée sur cette guérison extraordinaire.

Nous nous plaisons à consigner ici les renseignements que M. Guyot, curé de Seninghem, veut bien nous donner sur l'état actuel de la chapelle et le culte de Notre-Dame-des-Ardents dans sa paroisse :

« La chapelle est très-propre. Le chœur est pavé en marbre noir et blanc, la nef en pierres dures de Marquise. Le tableau de l'autel qui n'a rien de remarquable quant à l'exécution, représente dans le haut la sainte Vierge apportant la sainte chandelle, dans le bas, la bénédiction et la distribution de l'eau. On y remarque deux personnages avec la *viole*, probablement Itier et Normand.

» La sainte chandelle placée dans un étui en cuivre argenté est renfermée dans une niche, du côté de l'évangile ; la niche du côté de l'épître renferme la statue de l'Ange gardien. Toute la chapelle est garnie de boiserie du haut en bas, excepté le mur à l'occident. La boiserie est peinte en blanc.

» Quant à la confrérie, je dois vous faire remarquer qu'elle ne porte plus le titre de Notre-Dame du Joyel ou des Ardents ; voici l'article 1er du règlement : *Pour conserver dans la paroisse de Seninghem, le souvenir de la dévotion des fidèles envers Notre-Dame-des-Ardents, il est établi dans la chapelle de ce nom, une confrérie du saint Rosaire, par l'autorité de Monseigneur l'évêque d'Arras, de Boulogne et de Saint-Omer.*

» L'autorisation de Monseigneur pour l'établissement de cette confrérie est en date du 6 décembre 1858.

» Les membres de la confrérie sont exacts à remplir leurs devoirs.

» Le premier dimanche de chaque mois, on chante le salut à la chapelle de Notre-Dame ; ce salut est suivi de la procession. Ce jour là, la chapelle est trop petite pour contenir toutes les personnes qui viennent prier la sainte Vierge.

« La paroisse et spécialement les membres de la confrérie se rendent deux fois par an en pèlerinage à la chapelle de Notre-Dame ; 1° le lundi de la Pentecôte ; 2° le jour de l'Assomption de la B. V. M.. La réunion à lieu à l'église.

Il ne se passe presque pas de jours que la chapelle ne soit visitée par quelques pèlerins ; mais le lundi de la Pentecôte et le jour de l'Assomption, il y a affluence de monde. Après ces jours viennent, comme remarquables pour le nombre de pèlerins, les fêtes de la Purification, de l'Annonciation, de la Nativité, et de l'Immaculée conception de la très-sainte Vierge.

» On bénit toujours de l'eau et les pèlerins en emportent chez eux.

Signé : GUYOT, desserv. de Seninghem.

TABLE DES MATIÈRES.

	Pages.
Prologue	v
Chapitre Ier. — La maladie du feu ardent à Paris et notamment à Arras, sous l'épiscopat de Lambert. — Apparition de la sainte Vierge à Norman et à Itier.	7
Chapitre II. — Norman vient à Arras. — Il fait connaître à l'évêque Lambert sa vision. — Il est éconduit. — Itier arrive à son tour. — Il expose au prélat l'objet de sa mission. — Discours de l'évêque.	12
Chapitre III. — Norman reparaît devant Lambert. — Réconciliation d'Itier et de Norman.	16
Chapitre IV. — Apparition de la sainte Vierge dans la cathédrale d'Arras. Guérison des malades du *feu ardent*.	18
Chapitre V. — Origine de la confrérie de Notre-Dame des Ardents. — Le saint cierge est transféré dans la chapelle de l'hôpital de Saint-Nicolas. — Punition exemplaire. — Lambert fait présent à la ville de Lille d'un cierge tiré de celui d'Arras. — Même présent à Eustache III, comte de Boulogne, à l'abbaye de Ruisseauville, à l'abbaye de Blandecques. — Mort de Lambert.	21
Chapitre VI. — Le pape Gélase II approuve la Confrérie. — Robert met à exécution le Rescrit apostolique. — Saint Bernard vient vénérer le saint Cierge. — Alvise, évêque d'Arras, en fait renouveler la Charte. — Donation d'un terrain à la Confrérie. — La chapelle dite du Tripôt. — Construction d'une nouvelle chapelle sur le petit marché. — Jean Bodel	25
Chapitre VII. — Donation d'Adam de Bapaume et d'Emma, bourgeois. — Nouvelles libéralités. — Acquisitions. — Les Petits-Ardents. — Incendie de l'église Saint-Géry. — Donation de Hugues de Miraumont. — Asson renouvelle la charte. — Le parlement de Paris. — La comtesse Mahaut donne, entre autres biens, la châsse d'argent. — Nouvelles acquisitions, — Jean Sacquespée. — Louis XI	

— 70 —

Chapitre VIII. — Les prélats honorent le saint cierge. — On l'allume dans les circonstances majeures. — L'archevêque de Cambrai et l'abbé de Cantimpré visitent la chapelle. — Visite des Irlandais. — Nouvelle indulgence. — Ferdinand, infant d'Espagne. — Le siége d'Arras en 1640. — Réparation de la chapelle et construction d'une rotonde. . 37

Chapitre IX. — Visite de Maurice de Saxe. — Tentative d'une réforme. — Destruction de la chapelle. — Le saint cierge est caché. — On en retrouve la custode dans un puits du cloître. — Les anciens confrères font une démarche, mais sans succès, pour obtenir le rétablissement de la confrérie en 1806. 43

Appendice. — Cierges provenant de la sainte chandelle d'Arras. . . . 59

EXTRAIT

DU

CATALOGUE

DES OUVRAGES

ÉDITÉS CHEZ M. ALPHONSE BRISSY, IMPRIMEUR DE L'ÉVÊCHÉ,

A ARRAS.

Essai historique et monographique sur l'ancienne Cathédrale d'Arras, par M. Auguste Terninck, in-4°, avec grand nombre de gravures, broché.	6 f	» c
Dictionnaire historique des rues d'Arras, par MM. A. d'Héricourt et A. Godin, 2 volumes in-8°, brochés.	10	»
Histoire légendaire de la sainte Chandelle d'Arras, par M. Aug. Terninck, in-4° avec planches, broché.	3	»
Appendice à l'Histoire du Cierge d'Arras, par M. A. Terninck, in-4°, broché.	1	50
La Confrérie de Notre-Dame des Ardents d'Arras, par M. Ch. de Linas (tiré à 30 exemplaires), in-4°, broché, avec grand nombre de planches.	25	»
L'Abbaye du Mont-Saint-Eloi, par M. A. de Cardevacque, in-4°, avec Atlas de planches.	15	»
Promenades Archéologiques sur la Chaussée Brunehaut, par M. Aug. Terninck, 2ᵉ partie, 1ʳᵉ livraison, in-4°, 5 feuilles avec 4 planches.	1	75
Plan de la Ville d'Arras, en 1704, belle lithographie en 5 couleurs, avec répertoire.	1	50
Essai sur les Usages locaux, par M. Clément, Juge-de-Paix, in-8°, broché.	6	»
Mandements et Circulaires de Mgr P.-L. Parisis. — 1ᵉʳ volume, grand in-8°, broché.	6	»
Mandements et Lettre Pastorale de Mgr. Parisis, à l'occasion de la béatification de B.-J. Labre, et après la célébration des fêtes du Bienheureux, in-12°, broché.	»	75

Vie de B.-J. Labre, publiée avec l'autorisation de Mgr l'Evêque d'Arras, in-12 broché. . . . . » 10

Images du Bienheureux B.-J. Labre : . . . .
    Noires. . . . . » 50 ⎫
    Noires et or . . . . » 75 ⎬ la douzaine.
    Or et couleurs. . . . . 1 » ⎭

Programme des Fêtes célébrées à Arras les 15, 16 et 17 juin 1860, à l'occasion de la béatification du Bienheureux B.-J. Labre (il en reste peu d'exemplaires), in-12 broché. . . . » 1 50 c

Histoire du Calvaire d'Arras, in-12, broché, avec lithographie. » 10

Le Trésor sacré de la Cathédrale d'Arras, histoire et description des Reliques insignes conservées et vénérées dans la Basilique de Notre-Dame et Saint-Vaast d'Arras, par M. l'abbé E. Van Drival, Chanoine, directeur au Grand Séminaire, 2 volumes, avec de nombreuses planches, in-8° raisin . . . 10 »

De la construction et de l'ameublement des Eglises, avec de très-nombreuses notes et additions, par M. l'abbé E. Van Drival, Chanoine, directeur au Grand Séminaire, 2 volumes ornés de gravures, prix net. . . . . 5 »

Epîtres et Evangiles, traduction de Mgr P.-L. Parisis, cartonné. » 60

Statuts du Diocèse d'Arras, broché. . . . . 2 »

Rapport sur les Statuts diocésains, broché. . . . . . . » 25

Statutorum Diœcesanorum, Pars Secunda, et *Acta Synodi*, broché . . . . 1 »

Recueil de Cantiques à l'usage du Diocèse d'Arras, broché. . . » 35

Airs notés des Cantiques à l'usage du Diocèse d'Arras, broché . » 50

Manuel Abrégé du saint Rosaire, par M. l'abbé B. des Billiers, Vicaire-Général du Diocèse, broché . . . . » 30

Prières du Matin et du Soir, à l'usage des écoles, tirées du Catéchisme de Mgr P.-L. Parisis, broché. . . . . » 5

Petit Calendrier liturgique en Français, approuvé par Mgr P.-L. Parisis, broché . . . . » 10

Almanach Commercial de la ville d'Arras et du Pas-de-Calais avec Notices, joli volume in-18, broché. . . . . » 60

On peut s'adresser pour les commandes directement à l'imprimerie, rue des Capucins, 22, à Arras.

www.ingramcontent.com/pod-product-compliance
Lightning Source LLC
LaVergne TN
LVHW021720080426
835510LV00010B/1056